不動産投資最強必勝術・客付編

満室バンザイ!

不動産オーナーの
3つの秘策

空室は必ず埋まる「占い」「デザイン」「発想力」

アユカワタカヲ／みねぎしくみ／KURARA　共著

はじめに（アユカワタカヲ）

「衣」「食」「住」。

人間が生きていく上で最低限必要なものです。そして日本国憲法では、国民全員「基本的人権」が保障されています。日本国民として日本に生まれた以上、「衣」「食」「住」は最低限守られています。そのため日本政府は、あらゆる法整備を整え、国民の生活の安定をはかっています。

その中でも、不動産業は日本の産業の中心です。戦後の復興、東日本大震災の復興も不動産業が中心になっているのは事実です。ですから不動産業はいつの時代も景気の先端を担っていると言っても過言ではありません。

アベノミクス経済からスタートした、不動産好景気、そして２０２０東京オリンピック決定、一気に不動産投資ブームがやってきました。誰でも不動産投資ができる、つまり大家さんになれる時代になりました。不動産業者、建設業者はその流れにのってどんどん新築アパート、マンションを作っています。

少子高齢化の日本で、そんなに部屋を作って大丈夫？　いや、大丈夫なわけはありません。不動産の入居率は、２０２０年1月現在のおよそ70％台から今後どんどん下がっていくことは間違いありません。

「じゃあ、不動産投資なんて、やらない方がいいですね」
「はい、努力しない方はやらない方がいいと思います」（笑）

今後、日本全体の不動産の入居率は60％台に、そして50％台に、もしかすると数十年後には50％を割ってしまうかもしれません。怖いですね。でも、冷静に考えてみてください。その50％に入ればいいだけの話です。入居者に喜ばれる、入居者に選んでいただける50％の部屋を供給できる大家さんになればいいだけの話です。

挨拶が遅くなりました。マネープロデューサーのアユカワタカヲです。私が不動産賃貸業をスタートして２０２０年で、およそ10年が過ぎました。この10年で売買も繰り返していますが、延べ２００室程の不動産を所有してきました。その２００室はこの10年間で幾度となく退去が発生しました。空室期間が数ヶ月に渡ってしまったこともありました。

逆に、たった3日で空室が埋まったこともありました。大先輩の大家さんと比較すると私はまだまだひよっこの経営者ですが、この10年で見つけたノウハウもいくつかあります。また、成功談も失敗談もあります。そして今や私の最大のパートナーであるインテリアデザイナーの「みねぎしくみ」先生、弊社の専属占い師「KURARA」先生にも、その空室対策の企業秘密をこの本で赤裸々に公開していただきました。

繰り返しになりますが、誰にでも簡単にスタートを切ることができる「不動産投資」。その最大のリスクが空室です。しかし、楽しみながら空室対策を進めることができれば、あなたの人生を大きく変えることができるのが「不動産賃貸経営」です。

この本が、これから不動産投資を始めようとお考えの方にとって、あなたの不安が少しでも払拭されれば幸いです。また、すでに賃貸経営をされている方は、この本のノウハウで一日でも早い満室経営の実現を目指してください。

「アユカワタカヲ」「みねぎしくみ」「KURARA」3名のクリエーターによる、「最強必勝空室対策」、あなたにこっそりお伝えいたします。

第3章 満室経営はコスパデザインから（みねぎしくみ）

第4章 運気を味方に満室経営（KURARA）

第1章

空室対策はアイディアから

（アユカワタカヲ）

1 空室を埋めるためには3つの力が必要

不動産投資は、数ある投資の中で非常に魅力的な投資です。毎月「家賃」というインカムゲインを得られる投資です。物件を手放さない限り、その利益を享受し続けることができます。

しかし一方で、不動産投資にはたくさんのリスクも存在します。その中で、最大のリスクが「空室」です。空室が長く続いてしまうと、当然その間の収入は途絶えてしまいます。もし銀行で融資を受けて不動産投資をしているのであれば、月々の返済ができなくなり、結果その不動産投資は失敗ということになってしまいます。

そんな、考えたくもない「空室」ですが、不動産投資において「空室」は避けては通れないものでもあります。そう、「空室」は必ず発生するものです。逆に言うと「空室対策」ができる大家こそが、成功大家になれるのです。是非あなたも成功者を目指してください。

成功する大家さんは「空室」を埋めるためのテクニックを知っています。そのテクニックは3つの力です。

『企画力』『瞬発力』『持続力』

成功大家さんが知っている、あるいは知らず知らずのうちに身に着けている「企画力」「瞬発力」「持続力」。この3つの力について、この章で解説していきたいと思います。

2 企画力 ——ターゲットは誰なのか明確にする

まずは「企画力」です。企画力とはズバリ、「誰をターゲットにするか」を考えることです。どんな入居者に契約してほしいかをイメージすることですね。

最近のビジネス用語に「ペルソナ」という言葉があります。ペルソナ(persona)とはサービスや商品の具体的なユーザー像のことで、マーケティングの際に重要視される概念です。その商品を使用する人物像を設定していきます。「年齢」「性別」「住んでいる場所」「職業」「役職」「趣味」「特技」「価値観」「家族構成」「出身地」「生い立ち」「ライフスタイル」などです。ビジネスにおけるペルソナを考えると同じように、不動産賃貸業でも入居者をイメージすることです。

たとえば、「単身者ですか？」「学生ですか？」「社会人ですか？」「年収はどのぐらいの方ですか？」「どこにお勤めの方ですか？」「ファミリーですか？」「子どもは何人ですか？」このような入居者ターゲットを具現化することこそが「あなたの企画力」です。ではどうやって、ターゲットを具体的にすればいいのでしょうか？　２種類の方法があります。

『物件からターゲットを考える』
『ターゲットから物件を考える』

それぞれ見ていきましょう。

①　物件からターゲットを考える

まず物件を購入した際、または既存の物件をリフォームする際に、この物件をどういう入居者が求めているのかを考えます。そうすることで自ずとターゲットが見えてきます。今回は、実際に私の物件を例に説明していきましょう。

例Ａ
最寄り駅：神奈川県川崎市　ＪＲ南武線久地駅　徒歩６分
物件情報：木造（昭和63年築）　１Ｒ×14室
家賃：３万円
周辺情報：川崎工場エリアまで電車１本で行ける

こちらの物件の最寄り駅はＪＲ南武線「久地駅」。ＪＲ南武線は川崎から国立まで通じています。私は当初物件の周辺状況から、この物件を川崎界隈で働くブルーカラーの方をターゲットにしようと動き出しました。ところが、最終的にはこの物件のターゲットを東京に住む新社会人へと変更しました。

その理由は、物件の最寄り駅である久地駅の路線です。久地駅から電車に乗ると3駅で「武蔵溝ノ口駅」に着きます。そこで東急田園都市線の溝ノ口駅に乗り換えると9駅で渋谷駅。そう、久地駅から渋谷駅までたったの30分で行くことができます。「この物件は渋谷から乗り換え1回、30分の物件」ということに気づくことができました。そのため、ターゲットを「東京渋谷に憧れを持つ新大学生や新社会人」としました。このように通勤経路や電車の情報などを全て加味した上で、ターゲットは自然と決まってきます。
この物件の場合は、「川崎の不動産賃貸会社よりも、渋谷にある不動産賃貸会社に客付けをお願いするほうが空室は埋めやすい」と今後の活動の方向性も見えてきます。

例B
最寄り駅：東京都小平市　西武国分寺線小川駅　徒歩4分
物件情報：RC造（平成18年築）1DK ×26室
家賃：6万〜7万円
周辺情報：周辺に大手メーカー工場、美大、芸大、女子大

続いての例です。この物件の周辺には、ある大手メーカーの工場、そして美術大学や、お嬢様が通うような女子大学などが点在していました。また周辺には古い木造の賃料が比較的低めのアパートがたくさんありました。そこから考えられるターゲットは、「大手メーカー工場で働く社会人の方か、ご両親からの援助が期待できる比較的裕福な大学生」でした。またこの部屋は1DKと一人暮らしにしてはやや広めに設計されていま

す。つまり、美大生にとっては一部屋をアトリエのように使うことも可能です。

ということで、不動産賃貸管理会社と相談し、大手メーカーの総務部に物件情報を持ち込み、また各大学の学生課にも情報を届けました。結果、現在も多くの大手メーカー社員、大学生にご入居していただいております。

②ターゲットから物件を考える

これまでは、物件からターゲットを考える方法を紹介しましたが、何もないところに新築の物件を建てる場合や、建物一棟をリフォームする、築古の空室物件をリノベーションするといった場合は、まずターゲットを決めてから、どういう物件に仕上げていくかということも可能です。こちらも私の物件を例に説明します。

例C
最寄り駅：東京都江東区　都営新宿線　東大島駅
物件情報：新築マンション7階建（RC造）1K×23室
家賃：8万円～9万円
周辺情報：駅前に大きな公園

この案件について私は当初、土地を仕入れて普通の一棟マンションを建築しようと企画していました。しかし、２０２０年のオリンピック前の土地価格の上昇、建築費用の高騰が重なり、希望の賃貸経営を目指すには一室10万円に近い家賃の設定が必要となりました。

ところが、この周辺のライバル物件（中古）の家賃相場は7万〜8万円です。普通の物件を建ててしまえば、ライバルとの厳しい戦いが待ち受けており、また収支も非常に厳しい状態が予想されました。

そこで「どうすればいいのか」と思案していたところ、ヒントが駅近くの「大島小松川公園」で見つかりました。私は土曜日の昼下がりこの公園で時間つぶしをしようとベンチに腰掛けたところ、「これだ」というものが目に飛び込んできました。

「ペットを散歩している方々」

このエリアは、「大島小松川公園」「わんさか広場」「荒川の河川敷」とペットが喜ぶ広大な公園が多数存在する場所でありました。「そうだ、入居者に優しいと同時に、ペットにやさしい物件。ペット共生マンションだ」という結論に行き着きました。このようにターゲットを決めて物件を作り上げるという方法です。私がいかにペット共生マンションを多くの仲間に助けられながら作り上げることができたのかは、第5章の「アユカワ・くみさん・KURARAさんの対談」をお楽しみに。

3 瞬発力
――今動かないで、いつ動くのですか？

不動産投資、不動産賃貸業は、分業してできる事業です。入居者の契約から対応、家賃の送金管理などは賃貸管理会社に、建物の管理は建物管理会社に、税金の中告書の作成は税理士の先生に、そうプロに丸投げすることができます。だから不動産投資とは、サラリーマンなど忙しい本業がある方にとって向いている投資とも言えます。

ただ、ほとんどお任せにできる業務の中で唯一、オーナーであるあなたが迅速に動かなくてはならない時があります。「空室発生時」です。空室が発生した時には、素早く行動に移す必要があります。求められる「瞬発力」です。

あなたの所有の物件に空室が発生いたしました。さあ、すぐに動き出しましょう。空室の間は、家賃はゼロ円です。この空室の期間を一日でも短くすることに全ての努力を費やしてください。そのため、空室が起きた場合は、すぐに行動する瞬発力が不可欠です。

・すぐに不動産会社へ連絡する
・自分でできることは何があるかを考える
・ライバルを探せ

この三段階で空室対策を進めていきます。ひとつひとつ見ていきましょう。

①すぐに不動産会社へ連絡する

まず、前提として家賃の管理について2種類の方法があります。「自主管理」と「賃貸管理会社に委託する」の2つです。

「自主管理」とはその名の通り、入居者から直接大家さんのあなたが家賃をいただく方法です。昔ながらの地主大家さんがやっている方法といえます。

一方、「賃貸管理会社に委託する」というのは、入居者から賃貸管理会社に家賃が送金されて、事務手数料を引かれた家賃があなたの口座に振り込まれる方法です。サラリーマン大家さんの多くは後者のシステムで管理されていると思います。

さて、空室が発生した場合です。自主管理の場合は、退去される方からあなたに直接連絡が入ります。退去の連絡が入ったら、「何故退去されるのか？」「次はどんなところに引っ越されるのか？」「これまでの住み心地はどうだったか？」「部屋への要望は？」を細かく取材してください。次の客付けのヒントになります。そしてすぐに、客付け会社に連絡を入れて募集をスタートしてください。客付け会社とは、いわゆる駅前にあって「空室あります！」と看板を出している不動産会社ですね。スピードが勝負です。

次に、「賃貸管理会社に委託している場合」は、その担当者から入居者退去の連絡が入ったら、自主管理で退去者に直接聞いた質問を、賃貸管理会社の方に質問し、調べてもらってください。そして担当者とともに次の入居者募集に際して、「ターゲットをどうする」「家賃設定をどうする」「敷金・礼金をどうする」「物件のウリを何にするか？」などについて作戦会議を行ってください。もちろん、メールや電話でのやりとりも可能ですが、できれば、対面で打ち合わせすることをお勧めいたします。

② 自分でできることは何があるかを考える

「賃貸管理会社に委託している場合」は、その後の作業は業者にお任せになります。

しかし、業者にはできなくて自分にはできることもたくさんあります。デザイナーのくみさんや、占い師のKURARAさんが提案する施策を具体的にやってみるというのもいいでしょう。是非、第3章、第4章からいろんなヒントを見つけてください。

また、オーナーとしてできることのひとつとして「募集ツール」を増やすということがあります。客付け会社は、「店頭で募集」「自社のサイトで募集」「不動産業者のみが見られるサイト『レインズ』で募集」などが募集ツールです。それ以外の募集ツールとして、たとえばこんなものがあります。

・SNSで募集
・地元のコミュニティ新聞に掲載
・大家が直接掲載できるサイトの利用

SNSの使い方は様々で、可能性は無限大です。FacebookやInstagramで「空室あります」と記事や部屋の写真をアップするのもいいでしょう。また、ある大家さんはYouTubeを使っていらっしゃいます。360度カメラを駆使し、空室の全貌を撮影してアップされている方もいます。面白いアイディアだと思います。

あなたのお宅には、地域のコミュニティ新聞などが無料でポストに投函されることはありませんか？　地域の情報であったり、「売ります・買います・あげます」などの情報交換できるページがあるかと思います。そこに掲載してみるのも手です。

そして最近増えつつあるのが、大家さんが直接物件情報を掲載できるサイトです。オーナーが直接物件情報を入力してアップ、お客さまが直接情報を見て大家さんに連絡をしてくるというものです。時には直接家賃交渉が入ることもありますが、間に不動産会社を介さない分、スピーディーに入居できるというメリットもあります。オーナーが直接情報を入力できるサイトとして次のようなものがあります。

・ジモティー　https://jmty.jp/
・ウチコミ　https://uchicomi.com/

一度、サイトを覗いてみてください。他の大家さんがどんな施策をやっているのかを知ることができて、それだけでも勉強になると思いますよ。

③ライバルを探せ

そして瞬発力のラストは「ライバルを探せ」です。

今、空室になっているあなたの物件のライバルとなる物件を見つけ出してください。「構造（木造・鉄骨・コンクリート？）」「間取り（1R・1K・1DK？）」「駅からの距離」など同じような特徴で現在募集中の物件を探します。たとえばあなたが区分マンションを所有している場合だったら、そのマンションで現在空室になっていて募集中の物件はないでしょうか？　もしその物件が5万1千円で募集していて、あなたの物件を5万3千円で募集しようとしても、ライバル物件より先に空室を埋めるのは難しいでしょう。

このように、ライバルを見つけて徹底的に調べ、あなたはそのライバルに勝つテクニックを探します。例えば、トイレを温水便座にしたり、照明を全てLEDにしたり、玄関にオシャレな全身鏡を取り付けたり…、工夫しようと思えばいくらでも考えることができます。あなたの物件がライバル物件よりも気に入られるように、差別化を図ってください。

4 持続力
――あきらめない限り夢は終わらない

私、アユカワタカヲがこだわる空室対策の3つの力。「企画力」「瞬発力」と見てきました。さあ、最後の力です。それが『持続力』です。

不動産投資を失敗する人の特徴で、持続力がない人がいます。特に、家賃という収益（インカムゲイン）を得る場合、株やＦＸなどとは違って、すぐにまとまった大きな金額が入る投資ではありません。

また、不動産投資の場合、現物投資ならではといえる、小さな悩みや問題にぶつかってしまうこともあるでしょう。例えば・・・

- **物件を購入した途端、修繕が必要な場所が発覚した**
- **家賃の滞納が発生するなど、住民とのトラブルが起きた**
- **シミュレーション通りに結果が出ない**
- **管理会社がきちんと仕事をしてくれない**
- **空室が埋まらない**

このような問題にぶつかると、自分の実力不足を痛感し、悩み落ち込んでしまう人もいます。なかには思うような結果が出ないことで、そのまま不動産投資をやめてしまう人もいるでしょう。しかし、不動産投資の世界で勝つための重要な条件は「持続力」なのです。

投資期間が比較的長い不動産投資です。ずっといい状況が続くことなんて稀だと思っておいた方がいいでしょう。時代が変わって金利が上昇するかもしれません。法律が変わってあなたの物件が既存不適格建築物になるかもしれません。空室だって起きるでしょう。入居者とのトラブルがあるかもしれません。訴えられるかもしれません。二十年、三十年と続く不動産投資、問題が起きて当然と考えて、あきらめないで継続することが大切です。

あなたは、様々な起こりうる可能性のある問題に対して不動産関連本で情報を収集したり、属するコミュニティを増やして、新しい知識を学び続けることが必要です。そうして何度も失敗を重ねて、学んで、経験して、あなたはいつしか立派な「不動産投資家」に成長していくのです。

5 一般募集か、専任募集か？

さて、これから空室の入居者募集に対しての実務的な話をさせていただきます。ちょっと難しい話も出てきますが、賃貸募集の基礎ですので知識として頭の中に入れておいてください。

入居者募集の条件が固まったら、実際の入居募集業務を依頼する不動産業者を選定します。入居募集の方法には「一般募集」と「専任募集」の2つがあり、それぞれ違うスタイルでの募集のやり方となります。

一般募集とは、一般媒介契約による入居者募集委託契約のことで、複数の客付業者に同時に募集を依頼することができます。一方、専任募集とは、専任媒介契約による入居者募集委託契約のことで、一つの不動産会社を窓口にして募集依頼する方法です。

専任媒介といっても、専任業者だけが入居者を探すのではなく他の客付業者にも物件情報を紹介し、入居募集を行います。もし、他の客付業者に入居者を紹介してもらった場合は、専任業者がまとめ役となりその後の作業を進めていきます。

このまとめ役となる専任業者のことを業界では「元付業者（元付）」といいます。また、元付業者から物件情報を得て、入居希望者に物件情報を紹介する業者のことを「客付業者（客付）」と呼びます。

では、一般募集と専任募集のメリット・デメリットをみてみましょう。

【一般募集のメリット・デメリット】

■メリット

・多くの業者が募集活動をしてくれるため、たくさんのポータルサイトに掲載される

・集客力のある業者に直接依頼できる

■デメリット

・他の業者も募集活動しているので本気で募集活動してくれない場合がある

・多くの業者にお願いすることになり、問い合わせの電話がかかってきたり、成約した場合の報告をしたりと、連絡業務が煩雑になる

・各業者の契約内容や書式がまちまちなので、契約内容を統一できない

・各業者によって入居審査の方法が違い、統一できない

・物件のカギのやり取りが面倒

【専任募集のメリット・デメリット】

■メリット

・募集活動の窓口となり、責任をもって募集活動をしてくれる
・鍵の管理を一本化できる
・業者が、知り合いの客付けの強い業者に営業してくれる
・契約書や審査方法を統一できる
・管理物件であれば、室内の装飾や換気にも気を配ってもらえる

■デメリット

・業者が物件情報を抱え込んでしまう可能性があり、その結果なかなか空室が埋まらない場合がある

先程、家賃の管理について「自主管理」する場合と「賃貸管理会社に委託する場合」と2種類の方法があると述べましたが、実はそれぞれによって、「一般募集が向いている」「専任募集が向いている」という性質の違いがありますので、解説いたします。

【自主管理なら一般募集がベスト】

家賃を自主管理しようとお考えの方は、一般募集方式で多くの業者に募集依頼をするのが良いと一般的に言われています。これは、管理委託をしていないので、専任募集のしばりはなく、自身の努力でより早く入居者が見つかるように募集の間口を広げる

ことができるからです。

【賃貸管理委託なら専任募集がベスト】

家賃管理を賃貸管理会社に委託する場合は、専任募集が良いと一般的に言われています。客付け作業の窓口も賃貸管理会社に一本化することにより、オーナーのあなたと賃貸管理会社は一枚岩で空室対策を進めることができます。

オーナーのあなたは「早く空室を埋めたい」、賃貸管理会社は「早く空室を埋めて、契約手数料と賃貸管理委託手数料を手にしたい」と思惑が一致します。

元付業者となる賃貸管理会社は、必死に客付業者に情報を流し、入居者決定に向けて業務を行うと思います。賃貸管理会社は、元付業者として入居者を見つけ、鍵の管理、入居審査、契約事務を行い、さらに日常のクレーム処理やトラブル対応なども行います。まさに、オーナーのあなたは賃貸管理会社に丸投げできるということになります。

【新しいチャレンジは専任募集で】

私は、これまでたくさんの不動産物件を経営してきましたが、初めてオフィスビルを建設した時は、専任募集（専任媒介契約）を選択しました。理由としては、私自身オフィス賃貸は初めての経験なので知らないことばかり、まさしく元付業者と二人三脚で動くことができました。

この時、私が非常にメリットを感じたことは、「多角的な営業をしてくれる」ということです。例えば、オフィスビルなどは様々な使い方があります。企業のオフィスに貸すだけでなく、会議室、保育所、レストラン、カフェ、ネットカフェ、ホテル…。様々な用途がある中で、さらにこの地域にはどんな物件が適しているのか？　自分が知らない物件の使い方の場合、知識やアイディアを出してくれたおかげで、オフィスビルの空室を埋めることができました。

このように自分の知識では空室を埋めるのが難しい…と感じた時は、専任媒介契約で専任募集を選択するのもアリかもしれません。

6 普通借家契約か、定期借家契約か？

さあ、晴れて入居者が決まりました。いよいよ入居者と賃貸借契約を結ぶことになります。現在、日本の不動産の世界において、賃貸借契約は2種類あります。「普通借家契約」と「定期借家契約」です。両者には大きな違いがあり、オーナーにとってのメリット・デメリットが大きく違ってきます。それぞれの特徴をしっかりと頭に入れておきましょう。

簡単に言うと、「普通借家契約」は契約期間が満了しても契約が自動的に更新され、入居者は引き続きその部屋に住むことができます。一方で、「定期借家契約」には更新の概念がないため、入居者は原則として契約期間の満了とともに退去しなければなりません。その後、継続して入居するためには、貸主・借主双方の合意のもとに再契約をする必要があります。つまり、

- **入居者に有利なのが普通借家契約**
- **オーナーに有利なのが定期借家契約**

となります。それぞれ具体的に見ていきましょう。

【普通借家契約の特徴】

現在、日本の98%が普通借家契約だと言われています。普通借家契約は、借地借家法によって、借主の生活基盤となる住まいを守る権利が強く保護されています。

特に貸主からの契約の解除、更新の拒絶には強い制限があり、更新しない特約や賃料減額請求の排除の特約が無効とされたり、退去には相応の立退料が求められることもあります。

【定期借家契約の特徴】

定期借家契約を終了する場合は、期間満了の1年前から6ヶ月前までの間に、借主に対して、期間満了により賃貸借契約が終了することを伝える必要があります。

この通知がない場合は、期間満了しても明け渡しを求めることはできません。ただし、通知期間を過ぎた後でも、通知の6ヶ月後に明け渡しを求めることはできます。なお、この通知は契約期間が1年未満の定期借家契約には適用されません。

つまり、1年未満の定期借家契約では、事前の通知なしに契約期間満了と同時に契約は終了させることができます。

この定期借家契約を有効に使えるのが、「古い物件で建て替えなどが必要だと考えている場合」です。このケースではあらかじめ、「定期借家契約」を結んで置くと安心といえます。

逆に、「普通借家契約」の期間に、いざ建て替えをしたいと思った場合、立退料を支払う必要が出てきます。このように定期借家契約は、様々なケースでオーナーにとって非常にメリットがある契約となります。メリットをもう少し深堀りしてみましょう。

【定期借家契約のメリット】

■契約終了と同時に不良入居者を退去させられる

滞納癖やマナーを守らない入居者を、契約終了と同時に退去させることができます。例えば、ペット可マンションなどを定期借家契約にすることで、万一のトラブルの長期化を防ぐことができます。

■家賃の改定が比較的容易

再契約時に家賃の改定を比較的容易に行うことができます。普通借家契約のように、話し合いがまとまらずに調停や、裁判で決着がつくまで家賃の改定ができないということもなくなります。

家賃を改定する場合には、契約終了6ヶ月前までに送る「契約終了に関する通知書」の中に再契約に関する賃料等の条件を明記しておくと再契約もスムーズに進みます。

■立退料や建物明け渡し請求などの手続きが不要

定期借家契約には更新の概念がないため、契約終了とともに入居者を立ち退かせることができます。当然、貸主側に正当事由なども必要なく、法的な建物明け渡し請求も必要ありません。

■自宅を賃貸に出せる

例えば、転勤などで数年間自宅が空いてしまった時に、一定期間だけ貸すことができるようになります。契約が終了すれば、必ず自宅に戻れるため、安心して転勤先に赴任することができます。

■契約期間を自由に設定できる

1ヶ月、1週間といった1年未満の契約や、20年といった契約も有効です。外国人など連帯保証人が付けられない人や、まだ就職が決まっていないような人でも、まず1ヶ月ごとの定期借家契約にして、徐々に契約期間を長くしていくような契約方法をとることができます。

このように、オーナーにとってメリットの多いのが定期借家契約です。今後、より定期借家契約がスタンダードになることでしょう。しっかりとその仕組を理解して賢い大家さんを目指してください。

7 管理委託契約か、サブリース原契約か？

さて、私アユカワが担当する第1章の最後の項目となりました。「管理委託契約」「サブリース原契約（通称「サブリース契約」）」について解説したいと思います。

家賃管理を賃貸管理会社に委託する場合に管理委託の方法が、大きく分けて2種類あります。それが「管理委託方式」と「サブリース方式」です。

簡単に説明すると、大家さんにとって毎月一定の家賃が確約されているのが「サブリース契約」、現実の入居状態に応じて家賃が振り込まれるのが「管理委託契約」です。管理委託方式では、入居者との賃貸借契約の当事者は大家さんになります。

一方で、サブリース方式では、入居者との賃貸借契約の当事者はサブリース契約をしている管理会社となり、大家さんはサブリース会社と賃貸借契約を結ぶことになります。つまり、たとえ空室が発生しても、サブリース会社が家賃を保証してくれるという契約です。詳しくみていきましょう。

【管理委託契約】

管理委託契約は、賃貸管理業者が大家さんから委託を受けて、賃貸管理業務を行う方式です。管理業者の業務はあくまで大家さんによる委託になります。

したがって、入居者からのクレームやトラブルなどには間に入って調整や対応を行いますが、最終的なリスクや費用が発生した場合の負担は直接、大家さんが負うことになります。その代わり、サブリース方式に比べて、管理業者に支払う報酬（委託手数料）は定額になります。一般的には、家賃の3％から5％ぐらいが目安です。


【サブリース原契約】


サブリース原契約は、オーナーから建物を一括して借り受けて、賃貸管理業者自らが転貸による貸主となり、賃貸借契約やその後のクレーム対応、建物の維持管理を行う方式です。大家さんは、管理業者との間でサブリース契約を締結します。

このケースでは入居者の有無にかかわらず、管理業者から大家さんに毎月一定の賃料が支払われることになります。

サブリース方式では、管理業者がそのまま貸主となるため、入居者とのトラブルが起きた場合、そのリスクは管理業者が負うことになります。そのため、大家さんの空室リスクや管理上のトラブルによるリスクは軽減されますが、その分、管理業者に支払う管理報酬は多くなってしまいます。

また、管理業者とのトラブルにより、サブリース契約が解約された場合の管理切り替えに伴う退去、空室、賃料下落などのリスクがあることは理解しておきましょう。

【サブリース原契約の注意点】

サブリース契約については、様々な注意点があります。昨今、知識なく不動産投資をはじめたあとで「知らなかった」という方の多くが、この「サブリース」の罠に嵌っています。その注意点をみていきたいと思います。

その❶ 仮に保証期間が30年でも当初設定した家賃が減額される可能性がある

サブリース契約では当初の保証家賃が契約期間中ずっと保証されるわけではありません。基本的にサブリース契約書の約款には、必ず左記のような条文が盛り込まれています。

※第○条【借上賃料改定】「甲及び乙は契約期間において2年ごとに借上賃料協議を行い、経済情勢の変動、物価の変動、公租公課の増減、建物敷地の改良又は本物件の周囲の環境

の変化等により借上賃料等が不相当になった時は、甲・乙協議の上、賃料を改定できるものとする」

このサブリース契約の場合は、２年ごとに保証家賃の改定交渉が行われる可能性があるということを、あらかじめ理解して契約しなければなりません。

その❷　敷金、礼金、更新料はサブリース業者の受け取りとなる

サブリース契約をした場合、入居者からもらう敷金、礼金、更新料等の一時金はすべて賃貸管理業者の収入になります。ですから、あなたの手元に入ってくる収入は、月々の定期的な家賃のみとなります。

その❸　契約直後からすぐに家賃を保証されるわけではない

基本的にサブリース契約には免責期間があり、その一般的な期間は1ヶ月から2ヶ月となっています。この期間中に入居者がいてもいなくても、保証賃料の支払いはされません。したがって大家さんは、この免責期間中の家賃は、保証されないということを差し引いても、事業として成り立つかどうかよく検討する必要があります。

その❹　リフォーム費用や共用部分の水道光熱費、清掃費はオーナー負担になる場合がある

サブリースとは、一括借り上げとも言われ、その名の通り建物をまるまる借りるというイメージがあります。当然、共用部分の水道光熱費や清掃、部屋のリフォーム費用も全部、賃貸管理業者の負担になると思われがちですが、特約などで特段の取り決めがなければ、これらの費用はすべて大家さんの負担になります。

したがって、サブリース契約といえども、建物維持管理費や修繕費は別に見積もり、事業収支計画を練っておかなければなりません。例えば、現状回復に於ける入居者の負担分は敷金等により清算されますが、オーナー負担分は管理業者ではなく、大家さんの負担になってしまいます。

その❺　売却の時に、価格交渉のネタにされます

サブリース契約の中で、様々な特約が入っている可能性があります。「ガスは○○会社と契約」「○年間は契約解除できない」など。となると、売却の際、買主がそれらの不利な条件をネタに価格交渉を仕掛けてきて、相場より安く売却せざるを得ない状

況が生まれます。

現に私が買主で、その物件がサブリース契約されていれば、「売買契約までにサブリース契約を解除すること」を条件に、もし解除できない場合は大幅な指値交渉をしますので、ご注意ください（笑）。

その❻ サブリース契約を解除すると、なんと・・・・・

サブリース契約を解除する場合半年以上前に告知が必要な場合があります。これは契約書に明記されています。ということはどういうことが起きるか？ 仮に、半年前に告知が必要だった場合、サブリース会社は、半年前に契約が終わるのが分かるということです。そうすると、入居者が退去したあと、サブリース会社は「どうせ契約が終わるんだから」と空室を埋めずにそのままにしておきます。（まあ、気持ちはわからないでもないですが…）

そのため、サブリース契約が切れた後は、その物件には空室がいっぱい…という事態に陥る可能性があります。考えたくないですよね。ということで、もし、半年前にサブリース契約を解除する場合、その半年間の入退去の情報を掴むことと、自分サイドで入居作業をしていいかの交渉をサブリース会社とする必要があります。プロを相手になかなかハードルの高い交渉になるかと思います。

これだけ注意点を並べると、サブリース契約があまり良くない契約のように思われがちですが、メリットもあります。それは、**「融資審査で有利な場合がある」**ということです。金融機関からすると、定期的に決まった収入がある物件ということで、審査がスムーズに進むケースがあります。これからまだまだ物件を増やしたいとお考えの方には良いかもしれません。

いずれにしましても、サブリース契約をする場合は契約書をしっかり読んで、サブリース契約を結ぶ賃貸管理会社が健全な経営状態の会社であることを確かめた上で進めてください。

さて、繰り返しになりますが、長い長い不動産賃貸経営では、不運にも長期に渡って空室が発生することもあります。ですが慌てないでください。落ち着いて対策を考えましょう。その対策に有効なものが「デザイン力」や「運気」です。次章以降の、みねぎしくみさん、ＫＵＲＡＲＡさんのアイディアを是非参考にしてください。

第2章

【対談】異色の3人が本音で語る不動産投資

（アユカワタカヲ・みねぎしくみ・KURARA）

アユカワタカヲ【マネープロデューサー】

「宅地建物取引士」「ファイナンシャルプランナー」「不動産コンサルタント」「相続コンサルタント」などの肩書を持つマネープロデューサー。43歳で不動産投資を始め、48歳で家賃収入がサラリーマン収入を超え独立。「不動産はエンターテインメント」をモットーに人生自由化計画を提唱。年間300本を超えるセミナーに登壇する人気講師。

★著書

「6億円サラリーマンになる方法〜入門編」（平成出版）

「不動産投資でハッピーリタイアした元サラリーマンたちのリアルな話」（青月社）

「引き出しても減らない通帳の作り方」（ギャラクシーブックス）

「お金磨き☆自分磨き〜〝マネー難民女子〟にならないための80のレッスン〜」（ギャラクシーブックス）

「1000年使える不動産投資最強成功術」（ごきげんビジネス出版）

★公式サイト

人生自由化計画.com

みねぎしくみ【インテリアデザイナー】

商業施設のリーシングから設計をトータルで企画する会社の設計部に所属。結婚を機に専業主婦になり子育てをする経験を経て、大手ハウスメーカーのリフォーム事業で営業・設計を担当。その後、ファイナンシャルアカデミー「不動産投資スクール」での勉強をきっかけに賃貸投資物件のリノベーションやインテリアコーディネート・ステージング・新築一棟マンションの総合的なインテリアプロデュース、区分マンション・中古戸建の改装などを手掛ける。

★資格

2級建築士・2級管理建築士・インテリアコーディネーター・福祉住環境コーディネーター2級・AFT色彩検定2級・全商簿記1級

★受賞歴

・インテリアコーディネーター名鑑2010
・リフォーム&リノベーションインテリアコーディネーター名鑑2017
・ミサワリフォーム社内デザインコンテスト2回受賞
・モダンリビングアワード2016スタイリングデザイン賞最終ノミネート
・モダンリビング240号・231号・244号掲載
・モダンリビング専属コーディネーター

★最近2年の賃貸投資物件における仕事実績

・新築1棟マンション・トータルデザインプロデュース・インテリアコーディネート（5棟）
・新築1棟オフィスビル・トータルデザインプロデュース（1棟）
・中古1棟マンション空室コスパデザインリフォーム（2棟）
・中古戸建（1棟）
・区分マンションデザインスケルトンリノベーション（7部屋）
・賃貸オフィスリノベーション・インテリアコーディネート（2部屋）

・テナントビルエントランス改装（1棟）
・賃貸タワーマンションインテリアコーディネート（1部屋）
・中古1棟マンション大規模修繕トータルデザインプロデュース（1棟）
★公式サイト
https://luxemaison.storeinfo.jp/

KURARA【占い師】

個人・オフィスのコンサルタントを得意とし、相談者の悩みに寄り添った現実的な鑑定を心がけ、定評を得る。 占い館各所で売上げ一位を記録。2019年、東京中央区に個人鑑定事務所を構える。占術講師としても活動し、芸能人から会社経営者まで幅広いファンを持つ。
★活動実績
慶愛占舎　代表
占い教室愛月所属認定講師
インセンスプロデュース、1棟オフィスビル開運プロデュース、ビジネスコンサルティング（社名診断、日取り、オフィスレイアウト、人事、投資相談）、ライフコンサルティング（転職、適職、出会い、片思い、失恋、結婚、夫婦、友人、同僚、嫁姑）、引越し診断（吉方位、家相、開運）等
★イベント出演
ミャンマー尼寺子屋チャリティー、投資ＥＸＰＯ、癒しフェア、音楽イベント、スポーツイベント、

開運セミナー　等
★主な占術
マルセイユタロット、ライダー版タロット、九星気学、ルーン、風水、数秘術、西洋占星術、ルノルマンカード、ビルマ八曜日占い
★公式サイト
https://www.kiminomirai.com/

1 不動産経営は「お金よりもアイディア」
――異色の３人が本を出版したワケ

全く違う職業の３人ですが、出会ったきっかけはなんだったのでしょうか？

アユカワ　私とくみさんとの出会いは、ファイナンシャルアカデミーの「不動産投資スクール」です。不動産投資について基礎から教える学校ですが、私が講師でくみさん

が生徒という立場でした。授業でやたらリフォームに詳しい受講生がいるなと思っていたんですよ。プロでした（笑）。

くみ　アユカワさんの授業が楽しく、その後アユカワさんのメルマガを登録して、お互いの専門分野について相談させていただくようになりました。

アユカワ　くみさんはこれまでインテリアデザイナーとして、いろんな物件のリフォームを手がけていたり、インテリアデザイナーとして私の持っていない知識が豊富な方ですから、この方からいろいろ教えてもらいたいと仲良くなりました（笑）。

占い師のKURARAさんとは？

KURARA　実は私、前職でOLをやっていまして。その時からアユカワさんと知り合いだったんです。

アユカワ　単なる飲み友達という関係で、年に数回会う程度だったんですが、ある時『仕事を変えようと思っている』って相談されたんですよ。その職業が『占い師』でした(笑)。

KURARA　いろんな人に相談したんですけど、反対の意見が多かったんです。で、アユカワさんは何と言ってくれるかなあと思っていたんですが……。

アユカワ　『面白いじゃん！』って速攻で答えました（笑）。
KURARA　アユカワさんが、目をキラキラさせて賛成してくれて。背中を押してくれたことを感謝しています。
アユカワ　あの時は「ネタになるな！」って思ったぐらいだったんですが、まさかこんなに人気の占い師になるとは思いませんでした（笑）。

そんな3人が本を出版どのような経緯があったのでしょうか？

アユカワ　私が初めて新築案件を手掛けることになり、新築の知識も浅いので是非おふたりのお力を借りたいと声を掛けたんです。3人でオフィスビル1棟と、ペット共生マンション1棟を仕掛けました。まあ、「インテリアデザイン」、「占い」のプロフェッショナルである2人から、目から鱗なお話がバンバン出てきて刺激的な仕事でしたね。ということで、みんなのスキルを一冊にまとめようとした本がこれです。
（手掛けた案件の詳細については第5章をご参照ください）
くみ　インテリアデザイナーの仕事をしていて、不動産経営をしている方から、リフォームの依頼を受けることがあるのですが、「もっとこうしたら部屋が魅力的になるのに…」と思うことがよくあるのです。家賃を下げれば空室が埋まるというのはもう古いですね。空室を埋めるためには、他のライバル物件よりも魅力的でなくてはいけません。この本では、そんな話を紹介できたらうれしいです。

KURARA　「立地は良いはずなのに部屋が満室にならない」というご相談を受けることがあります。そういう物件はいるだけで気分が落ち込むようないわくつきの土地にあったり、部屋のインテリアが運気を下げてしまっていることが多いです。でもちょっとした工夫で部屋の運気をあげる方法があるので、この本でご紹介させていただきます。

最近、くみさんは「不動産投資」にも挑戦されているとか。物件は購入できましたか？

くみ　実は先日、いい物件を見つけて融資の算段をしていたのです。ところが、いざ購入となった時に不動産会社から「現金購入の方から買い付けが入りまして…」って連絡があって…。「現金買い」の方に先を越されてしまいました。

KURARA　やっぱり「現金買い」の人の方がローンの人よりも有利なんですか？

アユカワ　ローンで支払うよりも一括で支払う「現金買い」の人の方が、売主からするとリスクが少ないので圧倒的に強いですね。でもそういう人達でも、インテリアデザインや占いのノウハウは持っていない人が多いです。お金が無い場合は、「アイディア」や「企画力」で勝負するのが、不動産投資家として成功する近道ですよ！

2020年1月現在の東京都の不動産全部の入居率は約70%と言われています。今後、人口が減っていくと、空室が増えることが予想されますが、入居率が50%を切るような状況になっても空室を埋める部屋づくりは可能でしょうか？

くみ　やっぱり人が住む環境ってとても大事なことで、「居心地が良い空間」って絶対に大切ですよね。空室率が上がるということは、入居したい方の選択肢が増えるということ。そうなった時に、「住みたい」と思ってもらえる部屋づくりをしていけば大丈夫です！

アユカワ　以前、くみさんに教えてもらった言葉で『幸せが連続する空間』というフレーズがすごく印象に残っていて、物件を探す時、作る時は「ここは『幸せが連続する空間』になっているか？」って意識するようになりました。

くみ　実は、インテリア雑誌「モダンリビング」の発行人の下田さんの本に書いてあった言葉です。「毎日を大事に生きること」で、「その幸せがずっと続いていく」という意味なのです。そのために住まいを整えるお手伝いができればいいなと思っています。

アユカワ　大阪にある僕のオフィス「マネーファクトリー梅田」は、くみさんにデザインしてもらったんですけど、たまに行くと「あぁ帰ってきたな〜」って感じるんです。落ち着いた空間なので、そこで考え事をまとめたり、原稿を書いたりリフレッシュできるんですよ。普段いる空間ってすごく大事だなって思いますね。

くみ　お客様からそう言っていただけることが何より嬉しいです。デザインをする前に、アユカワさんの話を聞いて、「どんなデザインにすれば望む空間になるか…」って考えて表現したので、気に入っていただけてなによりです。

KURARA　私の占い師の仕事も「お客様に幸せになっていただくこと」が目的ですから、みなさん種類は違っても、「幸せを提供する仕事」というのは共通ですね。

2 リフォームしたいけどお金がない！
――予算〇〇万円をどう使う？

空室対策をするために、リフォームをする方もいるでしょう。ところが、予算には限りがあります。「お金はないけど少しでも部屋を変えたい！」そんな方のために、お手軽に魅力的な部屋へ変身させるアイディアを教えてもらいます。

インテリアデザイナーのくみさんはリフォームの依頼を受けることがよくあると思いますが、1DKの物件で空室が出た際に予算5万円あったらどう使いますか？

くみ　やっぱりステージングですね。ステージングとは、間取りに合わせて、簡易な家具やインテリアをディスプレイして魅力的に演出することです。入居を希望される方が内見に来た時に、「空室」ではなく、「モデルルーム」といった感覚で部屋を見てもらうと印象が違います。そのためには「部屋の掃除」、そして「照明・カーテン」などの飾り付けが大事ですね。あと、欲をいえば水栓金具の交換まで出来ると良いですね。

KURARA ちなみに私なら、観葉植物を置くことをオススメします。できればカラフルなお花などが良いですね。その部屋のパワーを高めることができますよ。

アユカワ 確かに生きている植物があると、空室の部屋でも「この物件の大家さんは定期的に清掃・点検しているんだな」って思いますよね。

予算10万円あったらどう使いますか？

くみ 「トイレなどの水回り」をリフォームしたいですね。やっぱり人が使った後だと少し抵抗ありますよね。あとは「ミラー」「洗濯物干し」「フック」や「ハンガー掛け」などの収納グッズや便利グッズをつけたいですね。

KURARA そういう時は、生活感が見えたほうがいいんですか？

くみ デザインはもちろん考えないといけないのですけれど、内見された方が「ここでこんな暮らしができるのだな」というイメージがしやすい方がいいですよね。もちろん「ここに住めば素敵な空間で生活できる」っていう良いイメージにしてほしいです。

では、予算20万円あったらどう使いますか？

くみ　さっきの水回りを、より重点的にやるということと、あとはアクセントクロスを換えたいですよね。「壁」ってその部屋をすごく印象付けるのです。その部屋にあった壁紙にすることで「センスある空間」と印象付けることが出来ると思いますよ。

アユカワ　僕の場合は、新しい入居者の初期費用を抑えられるように考えますね。敷金・礼金は０にして、家具を入れて、取り換え費用を負担させないようにする。それから保証会社の費用もこっちが全部出してあげますね。

くみ　でもそれが一番ですよね。ステージングとちょっとしたリフォームにプラスして、そういった負担をしてあげることで、入居したい方の初期費用を抑えると大変喜ばれます。

最近は、家具付きのシェアハウスなども増えてきていますよね。

くみ　以前、家具付きの物件もプロデュースしたのですけど、家具を気に入ってくれる人はそのまま買い取ってくれますが、あまり気に入らないっていう人も当然いますよね。

あと、この家具だけ欲しい、その家具は持っているという方もいて、住む方によって事情が違うので難しいです。

アユカワ　私も以前、家具付き物件を考えたことがあるんですが、難しかったですね。

くみ　「この家具は欲しいけど、この家具は要らない」とか全部の要望に応えようとすると、ぐちゃぐちゃになってしまいます。「物を持たない人向け」というコンセプトのシェアハウスは良いアイディアかもしれないですね。

KURARA　私の周りもシェアハウスを転々と住んでいる人は多いですね。外資系の方だったり、コンサルタントの方や海外の方も多いようです。そういったいろいろな業種の方との出会いで、アイディアが生まれて仕事に活かせたりすることもあるみたいですね。

アユカワ　シェアハウスの特徴として、「転々と住んでいる方が多い」＝「入ったらすぐ出ていっちゃう」というデメリットもあるので、空室になってもすぐに新しい入居者が見つかるような「アイディア」や「企画力」が必要になってきますね。

3 あなたの物件が「事故物件」に！
——対応策はあるの？

若者の話が出ましたが
日本は近い将来「4人に1人」が「75歳以上」になると言われています。
不動産投資と高齢者の関係についてどう考えていますか？

アユカワ　最近では高齢化社会に伴って「R65不動産」という定年後の方向けの不動産検索サイトもあります。このサイトでは「駅から近い」「エレベーター付き」「庭付き」「ペット可」など、高齢者の要望に応えられる物件が探せますよ。

不動産経営者が抱える問題の一つとして、
高齢者の一人暮らしの場合、室内で万が一のことが起きる可能性があります。
その場合、どのような対応をすべきでしょうか？

アユカワ　そうなると、ご本人にも気の毒ですし、その物件も事故物件になってしまいます。リスクの一つとして考えておかなければいけませんね。

KURARA　事故物件になってしまった場合は、運気に関してもやはり良くないので、手放すことをお勧めします。実際に住んでいなくても、所有している物件とオーナーさんはつながっていますからね。でも、その物件をすぐに売るのも難しいかと思いますので、第4章で対策方法を提案させていただきました。

事故物件になった場合は入居してもらうのは難しいのでしょうか？

KURARA　ところが、今は事故物件を探してる方も割と多いんです。東京には、駆け出しの芸人さんや役者さん、ミュージシャンの方などが集まりますし、そういった方は家賃が安い物件を希望される方が多いですよね。

くみ　やはり事故物件の場合、家賃を下げないといけないですよね？

アユカワ　最初の2年は事故物件ということで一旦家賃を下げて、2年経ったら戻せることがあります。その条件でも、最初の2年間の減額を目当てに入居される方って結構いらっしゃいますよ。

KURARA　占い師の観点から提案させていただくと、できるだけ事故物件が出ないようにオーナーさんの運気を上げること、オーナーさんに不運が起こらないようにすることを重点的にアドバイスさせていただきます。

具体的にはどういうことをすればいいのでしょうか？

ＫＵＲＡＲＡ　一番簡単なのは「掃除」ですね。もし運気とか信じてない方でも、部屋が綺麗になったらそれだけで元気になれるじゃないですか？　所有している物件と、オーナーさんの住んでいるご自宅と、両方を念入りに掃除するだけで幸運が舞い込みやすくなります。

くみ　今の日本人は「衣・食・住」の「衣」にはお金をかけていますが、「住」の部分はあまり気にしていない人が多いですよね。「住」環境を磨いていくことがこれからの日本人に必要なことなのかもしれません。

ＫＵＲＡＲＡ　「衣・食・住」を整えることはすごく大切ですね。例えば「食」に関して言うと、ペットボトルのお茶を飲むより、自分でお湯を沸かして淹れたお茶を飲むほうが運気は上がるんです。24時間お店が開いている便利な世の中ですけど、ひと手間かけた「丁寧な暮らし」を心掛けたいですね。

アユカワ　マンション経営も住んでいる方を想って、その方がいい暮らし、安定した暮らしをするために貸し出しているわけですから、人と人との繋がりや想いを感じ取ることが大切なんですね。いやいや、やりがいのある仕事ですよ。

4 時代を読む先駆者になれ！
――常識は日々変わっていく

アユカワ　私たちは「生活の拠点になる場所」を提供する仕事をしていて、その場所を気に入ってもらうためには、時代が何を求めていて、何が便利なのか、何が不便なのか、を敏感に感じとって、時代の最先端にいないといけないのでしょうね。

くみ　昔の人と今の若い人って考え方がすごく違いますよね。今の人は、「仕事をがむしゃらに頑張って出世して稼いでやる」っていうタイプじゃなくて、「お金よりも自分の時間を大事にしたい」という考えですよ。例えば昔だったら、部屋は寝泊まりするだけの場所で、仕事に行ったり、遊びに行ったり…みたいな考え方が当たり前だったと思うのですが、その考えも変わってきていますよね。

アユカワ　ユーザーのニーズに合った部屋を提供するためにも、自分の物件がどういう空間なのかというのをしっかり把握しておくことも大事ですよね。私がオススメしていることは、空室の間に実際に泊まってみることです。

わざわざ空室の部屋に泊まる？それは、なぜですか？

アユカワ　その物件の良いところも見えるし、逆に悪いところも見えてきます。一日泊まることで、ゴミ出しに関して問題があるとか、お隣さんとの間に何かあるのか、朝日が当たって暑いのかとか、新しいことが見えてくるでしょう。

くみ　自分の所有している物件ってなかなか客観的に見ることができないでしょうし、それは、すごくいいですね。

KURARA　この前占いに来てくれたお客様が「最近引っ越した物件が、夜になると向かいのパチンコ屋さんのネオンが眩しくて、カーテンを閉めていてもチカチカして眠れない」と言っていました。それは内見の時には分からなかったそうなんです。

アユカワ　その方の前に住んでいた人も同じように悩んでいて引っ越されたのなら、オーナーさんは対策を施すべきなのかもしれませんよね。

KURARA　あと、ネオンの光が当たる場所というのは運気的にもあまり良くない場所なんです。なので、物件を購入する時などは、そういったことも考えて選ぶことが大切ですね。

くみ　アユカワさんのモットー「不動産はエンターテイメント」ってことですよね。常に時代を見てお客様のことを考える。

アユカワ　そうそう、だから、くみさんもKURARAさんも、私も、エンターテイナーなんですよ（笑）。

第3章

満室経営はコスパデザインから

（みねぎしくみ）

1 こんにちは、リュクスインテリアデザインみねぎしくみです

リュクスとはフランス語で贅沢・豪華・優雅・高価で上品なことの意味ですが、「無駄のない本質を極めた贅沢」という意味で最近では使われています。

私はインテリアデザイナーとして、流行に捉われない、無駄のない、本質を極めた、世界で一つだけの贅沢な居住空間づくり（リュスクインテリアデザイン）を目指しています。また、「アートと明かり」をテーマに空間づくりを提案し、日本の住まいがより豊かで美しい空間になるための様々なお仕事をさせて頂いております。

特に、アート・絵画に関しては、アートが空間にもたらす力は素晴らしいと感じており、また、照明は空間をドラマチックに演出する重要なスパイスだと考えています。

そして、設計プランニングからインテリアコーディネートまでトータルでご提案し、空間が分断されない、全体を見渡せるブレない空間デザインを創造していくことが自分の役割であると思っています。

さて、今回のテーマである賃貸物件のインテリアデザインはどうあるべきなのでしょ

うか。私は常々、「賃貸物件＝コスパデザイン」であると考えています。賃貸物件は注文住宅とは違い、高価なハイブランドの家具や建材を提案することができません。厳しい予算の中で知恵を絞り、居心地の良い、住みやすい、そしてコストパフォーマンスのよい居住空間づくりが求められます。

このコスパデザインはインテリアデザイナーにとっての「腕の見せどころ」の仕事であるともいえます。「少ない予算でも、見る方に驚きと感動を与えることができる」、まさに知恵と経験を総動員しなければできない仕事なのです。

▼モダンリビングに作品掲載された際の写真

賃貸物件であっても、住まいの環境をより豊かで美しい空間にするインテリアデザインの仕事は変わりありません。最適なコスパデザインを提案して、オーナー様にも、借りる方にも『幸せが連続する空間』となることを目指して取り組んでいます。

2 原状回復リフォームとリノベーションの違い

建物の老朽化、室内の住み心地や立地・生活環境の変化により物件の魅力がなくなってしまうと「空室」になってしまう恐れがあります。そんな時、賃貸物件では、あたり前のように「原状回復リフォーム」をします。その際、「原状回復リフォーム」ではなく「コスパデザインリフォーム・リノベーション」をお勧めします。

原状回復リフォームとは

一般的に「原状回復リフォーム」とは、建物・室内を以前のような状態に戻すことで、マンションやアパートの場合には、入居者が退居した後、何かの事情によって生じている現在の状態を、元の状態に回復するリフォームのことです。

国土交通省の「原状回復をめぐるトラブルとガイドライン」では「マイナスの状態のものをゼロの状態に戻すための機能の回復」と定義されており、賃貸人と賃借人の負担部分がそれぞれ細かく規定されています。具体的には、「壊れた壁・汚れた壁紙の張替え」「汚れた床の張り替え」「汚れた部分をクリーニングする」などのリフォームです。

リノベーションとは

一方、「リノベーション」とは、既存の建物に大規模な工事を行うことで、住まいの性能を新築の状態よりも向上させたり、価値を高めたりすることをいいます。

原状回復リフォームが「マイナスの状態のものをゼロの状態に戻すための機能の回復」という意味合いに対して、リノベーションは「プラスαで新たな機能や価値を向上させる」ことを表しています。

そのため、リノベーションでは住まいの空間をより機能的でデザイン性の高いものに改良したり、住環境を現代的なスタイルに合わせて間取りや内外装などを変更したりすることなどが含まれます。具体的には、耐久性や耐震性を高めるために壁の補修を行ったり、家族が増えたことから間仕切りの壁をなくして広々としたリビングダイニングキッチンにしたり、ペット共生、バリアフリー化することなどが「リノベーション」に該当します。

このように、リノベーションはライフスタイルや生活環境に合わせて、自由自在にアレンジできるという魅力から近年では非常に人気が高まっています。

▼ファミリータイプの部屋の
リフォーム・モデルルーム

賃貸物件においても、リノベーションで外観や内装の設備や収納、部屋のインテリアを変更することで、入居者のニーズにあった魅力的な部屋にすることができます。

通常の現状回復リフォームでは、部屋はもとに戻りますが、それだけでは空室対策にはなるとは言えないでしょう。

あなたの所有する物件の周りには競合物件がたくさんあるからです。その数ある競争相手からあなたの物件を選んでもらうには、日本の賃貸物件に良くある「平凡な部屋」ではなく「魅力的な部屋」である必要があります。

入居者に優先して選ばれるような賃貸物件にするためには、「清潔」というだけではなく、分かりやすい言葉で「オシャレ」や「かっこいい」「心地よい」といった素敵な生活が想像できる部屋に生まれ変わらせることが、とても有効な空室対策になります。

ここでは「原状回復リフォーム」ではなく、「コスパデザインリフォーム・リノベーション」をすることで物件の価値をより高める空室対策をご紹介します。

3 部屋のコンセプトを決めましょう

やはり、自分の物件を選んでもらうには、幅広いターゲットの人に選んでもらいたいですよね。ところが、ターゲット層を広げるあまり、誰の目にも止まらない、よくある「平凡な部屋」になってしまう可能性があります。

大切なのが「部屋のコンセプト」をしっかり決めるということです。

現代の人々は、趣味趣向が多数混在しています。そこで「部屋のコンセプト」を決めて、「こんな人にオススメです！」とハッキリ分かるようにターゲットを絞り込みましょう。「この物件は私にぴったり！ ここで素敵な暮らしをしてみたい」と、入居希望者に思わせるのが鍵となります。

特に、ワンルームマンションなどの若い単身向けの賃貸物件は、ファミリータイプ（２ＬＤＫ、３ＬＤＫ）などと違って、多くの場合は2年の更新時期に新しい物件に引っ越してしまう傾向にあります。そのため、その2年間をどのように幸せに過ごせるかがポイントになります。

部屋のコンセプトの決め方

では、どのようにして部屋のコンセプトを決めるのかをご説明します。

工事を行う際に、「室内の環境を変えればいい」ということだけを考えがちです。しかし、室内だけではなく建物の外観、さらには街の雰囲気なども加味した上で考えると独自性のある魅力的な物件にリフォームすることができます。

そのためには次にあげる3つのマーケティングリサーチが大切です。

①住んでいる人の層をチェックする

区分マンションでリノベーションを行う際に、このマンションにどんな人が住んでいるのかをチェックする必要があります。学生・ファミリー・高齢者といったことから、趣味や収入まで分かるといいでしょう。

②最寄り駅の乗降客数や交通手段・経路をチェックする

物件から最寄り駅までどのぐらいの距離があるのか？　その経路・交通手段は？　駅を利用する人の数はどのぐらいか？　車を使う場合の駐車場、幹線道路は？　などの項目をチェックします。これらをチェックすることで、街の利便性や住民層などがわかります。

③周囲の環境をチェックする

物件の周辺地域に何があるのかをチェックします。コンビニ・公園・商業施設・工場・病院・学校・役所…などなど。どんな街なのかを掴むために大切なチェック項目です。

これらの3つの項目をチェックすることで、「部屋のコンセプト」が見えてくるはずです。部屋のコンセプトを決めるためには、室内だけではなく、「建物」「街の雰囲気」「周囲の環境」、それぞれの特徴を掴んだ上で、住む方の事情や要望などを想定して「部屋のコンセプト」を決めることが重要なのです。

ちなみに、あなたが選んだ物件にマイナス要素があるとしましょう。そこで、その物件を諦めるのではなく、物件のプラス要素とマイナス要素を書き出して精査することで、マイナス要素をプラス要素に変えることができます。

例えば「駅から20分以上。周囲には公園や自然が多い物件」。このような場合「駅から遠い」ことがマイナスポイントですよね。ところが、周囲には「公園や自然」があります。そこで、室内のインテリアをナチュラルな素材感のあるインテリアにして、自然で活動できる生活をイメージすることで、「駅から遠い不便な物件」というイメージだったのが、「自然に溶け込んだ心地良い物件」に生まれ変わります。

つまり、その物件のマイナスポイントをプラス転換して、アピールポイントにすることができます。そのためにも「部屋のコンセプト」を決める際は、周囲のマーケティングは必ず行いましょう！

インテリアのイメージや間取りのコンセプトを決める方法

次に、リフォームにあたり部屋のコンセプト（部屋のインテリアや間取り）を決める方法を事例を紹介しながら説明します。その際には、前述したリサーチの結果や住む方の事情や要望などの分析が必要となります。

物件例：武蔵野市吉祥寺駅　徒歩13分　RC造　築25年　2K（和室）
住人：20代後半・女性・社会人（渋谷勤務）
趣味・趣向など：ヨガ・オーガニック志向・食を大切にしている・おうちごはん・お料理教室・服はそんなに持っていない・読書・インテリアショップ巡り・インスタ・観葉植物を育てている

吉祥寺は昔から住みたい街ランキングで常に上位にランクインする人気の街です。周囲にはデパートや百貨店があるほか、おしゃれなカフェやレストラン、スポーツジムのほかに、自然豊かな井之頭公園などもあり、20代後半の大人の女性にとっては通勤に便利、個性的な素敵なお店や自然豊かな面もあり…と人気のスポットになっています。

吉祥寺ならではの個性的な部屋にしたいですね。ここでは、いろいろなヒントをご紹介します。

■壁を撤去して間取りを変更する

2和室の間仕切り壁を撤去して、空間を一つにすることで大きな空間が生まれます。広いLDKがあれば大きなダイニングテーブルで友達を招いての食事や、大きな観葉植物を育てたり、休日にはヨガを楽しむことができるでしょう。

▼広々としたキッチンとミニカウンター付きのワンルームマンション

■キッチンは、ミニキッチンではなく広い天板のキッチン

ワンルームに多いミニキッチンですが、お湯を沸かすくらいしかできないのは寂しいですよね。これでは、豊かな生活が送れません。最近、私はワンルームの部屋のキッチンを一番大切にしています。ミニキッチンをただ交換しても金額はそれなりにかかります。キッチンを見直しましょう。

■旬のインテリアをミックスさせてシンプルナチュラルな暮らし

吉祥寺は井之頭公園があり、自然が豊かな街です。そこでインテリアはナチュラルテイストにすることで、街と一体になった魅力的な部屋にすることができます。また、北欧テイストのインテリアにしても良いかと思います。北欧テイストは人気も高く、実は和室にしてもとても相性が良いのです。北欧スウェーデンの家具を扱うＩＫＥＡは、価格もリーズナブルなので購入しやすいですよ。

■収納スペース

一人暮らしのオシャレな女性は収納スペースを気にします。例えば、洗濯機の上部に洗剤などが置ける棚を設置したり、押入の扉を撤去して大きなオープンクローゼットにしたり、洗面脱衣所に可動式の収納棚を設置するなど。生活用品が収納できる棚の設置やＯＳＢを貼って住人が自由にフレキシブルにＤＩＹができることも、これからのトレンドになっています。

4 予算以上の素敵な部屋にしましょう

ここまでは、お金のことを考えずに理想を述べてきましたが、賃貸物件においてはやはり予算には限度があります。そこで、予算の中で優先順位を決めて最大限にできることを考えてみましょう。

▼和室一面を北欧柄に変えるだけで、北欧風な部屋に

賃貸物件でよく使われるクロスやクッションフロアなど床材は、柄が変わっても値段は変わりません。例えば、壁紙ですと国産のメーカー品になりますが、量産品クロスと基本的なクロスがあります。賃貸物件ですと、量産品クロスの方がお安いのでよく使われます。ただ色柄があまり素敵なものが少ないので、一面の壁だけアクセントクロスにすると効果的です。

予算が本当にない場合は、量産クロスだけでご提案しますが、プロでないとなかなか難しいと思います。水回りに良く使われるクッションフロアもインテリア要素が出るので大切です。

このように、部屋のインテリアで今までの家賃を相場より高く設定することができたり、家賃を下げなくても良いコスパデザインが重要です。

・部屋の壁は張り替えた方がいいのか？
・トイレや水回りなどの器具は問題ないか？
・トイレや水回りなどの使い勝手だけではなく、見た目も含めて改修すべきなのか？
・インテリアのステージング（飾り付け）までするのか？

など、どこまで対応するのか、優先順位を決めましょう。そして予算の中で最大限にできることを考えていきましょう。

5 ショールームに行ってみましょう

コスパデザインにすると「魅力的な部屋」になるとご紹介しました。でも「インテリアは詳しくない」「もともとセンスに自信がない」という方もいるでしょう。そんな方は「センスのある部屋」を諦めるしかないのでしょうか？

いいえ！ そんなことはありません。ここでは、あなた自身がインテリアに詳しくなくても「魅力的な部屋」にすることができる方法をご紹介します。

「ＩＫＥＡ」や「ニトリ」「ザラ・ホーム」「フランフラン」「アクタス」など全国

展開しているショールームまたは、地元の家具屋さんへ行ってみてください。トレンドの家具、家電、間接照明が素敵にインテリアコーディネートされています。それを参考にしてみましょう！　そのまま家具や雑貨など購入できますので、安心ですね。

ショールームは、プロのコーディネーターの方が、お店で売っているものを上手く部屋の雰囲気に合わせてコーデをしています。是非、ショールームに行ってみましょう。

6 インテリアセンスを磨きましょう

先ほど紹介した「ＩＫＥＡ」や「ニトリ」などのショールームへ行ってインテリアのトレンドを参考にすることは、実体験できるのでとても良いのですが、普段時間がなくてもできることがあります。ここでは「インテリアのセンス」を持つための方法をご紹介します。

■SNSをチェックする

今、若者のほとんどが利用していると言われるSNS。その中でも「Instagram」「pinterest」「LIMIA」「roomclip」と言ったアプリ・サイトには今トレンドの部屋がたくさん掲載されています。

そのなかであなたが探しているコンセプトに合った部屋を検索することで、ぴったりの部屋が掲載されていたら参考にしてみるのはいかがでしょうか？　写真映えする部屋の撮り方も参考になります。

■雑誌やサイトをチェックする

例えば、インテリアが掲載されている本を読んでみたり、マンションのチラシやR25・R不動産のようなおしゃれな賃貸物件サイトを普段から見る習慣をつけましょう。どんな間取りでどんなインテリアが多くて人気なのか？

また、インテリアのサンプル帳やカタログに使われている写真はそのままの素材が使えますし、ディノスや無印良品やベルメゾン、「ＤＩＹ素材サイト」なども見てみましょう。「デコールインテリア東京」「WALPA」「壁紙本舗」では、簡単に施工ができるＤＩＹ素材が販売されているので、チェックしてみてはいかがでしょうか。

■話題のインテリアショップや本・ホテル・美術館に行ってみる

私のおすすめの美術館や本をご紹介します。

［国立西洋美術館］

東京都内では初めて世界文化遺産に登録されました。近代建築の三大巨匠の一人、フランス人建築家ル・コルビジェによって設計されました。特徴的な外観・モダンな空間デザインも参考になります。常設展では、松方コレクションが核になり海外の素晴らしい絵画をいつでも鑑賞できます。

［東京都庭園美術館］

朝香宮邸として白金台に建築されました。当時アール・デコの全盛期でその様式美に魅せられフランス人芸術家アンリ・ラパンに主要な部屋の設計を依頼され、現在は美術館ですが内部の改装は僅かだそうです。国の重要文化財に指定されています。正面玄関のガラスレリーフの扉は、フランスのガラス工芸家ルネ・ラリックの作品であり素晴らしいです。各部屋のインテリアや照明デザイン・内装すべてが芸術品です。

［心地よく暮らすインテリアの小さなアイデア］　モダンリビングパブリッシャー・下田結花著

私がアユカワさんとお仕事をさせて頂く時に、下田さんの一文をご紹介させて頂きました。とても共感して頂いて嬉しかったです。毎日過ごす空間、インテリアの大切さを改めて感じることができます。

休日に話題のカフェに行くことがありますよね。特に店舗は、インテリアのトレンドが一番早いのです。どんな「テーブル」や「椅子」や「壁紙」「床材」を使用しているのかチェックしてみましょう。カフェやホテルは、トイレも素敵なインテリアです。

私は、職業柄どこに行っても無意識にチェックしてしまいます。職業病ですね（笑）。どんな収納にしているのか？　どんな照明を使っているのか？　などを事細かにチェックしてみましょう。

このように、日常生活のなかでインテリアセンスを磨くためのヒントはたくさん散りばめられています。

常日頃から、アンテナを立てて生活することで、あなたの物件を魅力的な部屋にするヒントが見つかるかもしれません。

7 もう一度、ショールームに行ってみましょう

ここまで、センスある部屋にするための方法をご紹介しました。「ＳＮＳ」「雑誌」「カフェ」などで、あなたの「インテリアセンス」は磨かれたことでしょう。そして、その後にもう一度、ホームセンターやインテリアショップに行ってみましょう。

以前見えていた景色とは全く違った視点でインテリアを見ることができるはずです。

「このアクセントクロスは、自然が豊かなあの物件に貼ってみるといいかな」

「このミラーを玄関に設置したら」

使うべき買うべきものがわかるようになります。はじめは失敗することもありますが、練習あるのみです。

そんなインテリアイメージができるようになると「平凡な部屋」から「魅力的な部屋」にグレードアップさせることができるでしょう。

8 満室経営のための⑩のセオリー

①アクセントクロスは部屋の場所に応じて効果的に使いましょう

アクセントクロスを壁に貼ることで部屋の雰囲気をインテリアのコンセプトのイメージに変えることができます。また、アクセントクロスを壁や天井の一面に貼ることや、梁や柱の少ない範囲に貼っても予算削減になり効果的です。インテリアテイストに合わせてクロス選びをしましょう。

また、塗装の壁は素敵です。ＯＳＢボードを貼って住む人が自由にＤＩＹできる部屋にするのも差別化できる物件になるのでお勧めです。一口アドバイスですが、部屋に使う色数は基本的に3色までにしましょう。

②クッションフロアは、トレンドデザインを選びましょう

床は、面積が広い分それだけで部屋の印象が決まってしまいます。「床のイメージが部屋の印象を左右する」と言っても過言ではありません。床の張り替えは手間も時間もかかるため、費用の面から見ても一度張れば10年から20年は替えないのが一般的です。無垢材のフローリングは心地よくて素晴らしいのですが、賃貸物件ではメンテナンスが難しいかもしれません。

▼ご希望のイケアですべてコーデしています。ピンクのアクセントクロスがお気に入りです

今回は賃貸物件のお話です。ファミリータイプですと長く住んでもらえますが、ワンルームは独身者や学生が多いので入退去が激しいです。だからメンテナンスがとても大切です。床の色は、狭いワンルームならば明るめの色にすると部屋が広く感じられます。

水回りなどに良く使われるクッションフロアは、安価で貼り替えやすいのでトレンドの色柄を選定すると良いでしょう。トレンドの柄がわからない時は、サンプル帳の初めに紹介されている柄や写真を参考にしてください。

最近は、ペット可やペット共生賃貸が人気ですが、防滑・防臭・抗菌の専

用の床材も増えてきています。物件の差別化できる要素になるので是非採用してみましょう。

③キッチンは作業スペースを広めにする

２Ｋから１ＬＤＫにリフォームすることで、リビングを広く使えるようになります。

また、一人暮らしの女性で「おうちごはん」をする人にとって「魅力的」な部屋にするためには、キッチンは作業スペースカウンターを広めにするといいでしょう。

広い調理スペースでコミュニケーションを取りながら料理ができるカウンター付キッチンなども差別化できます。採用してはいかがでしょうか？

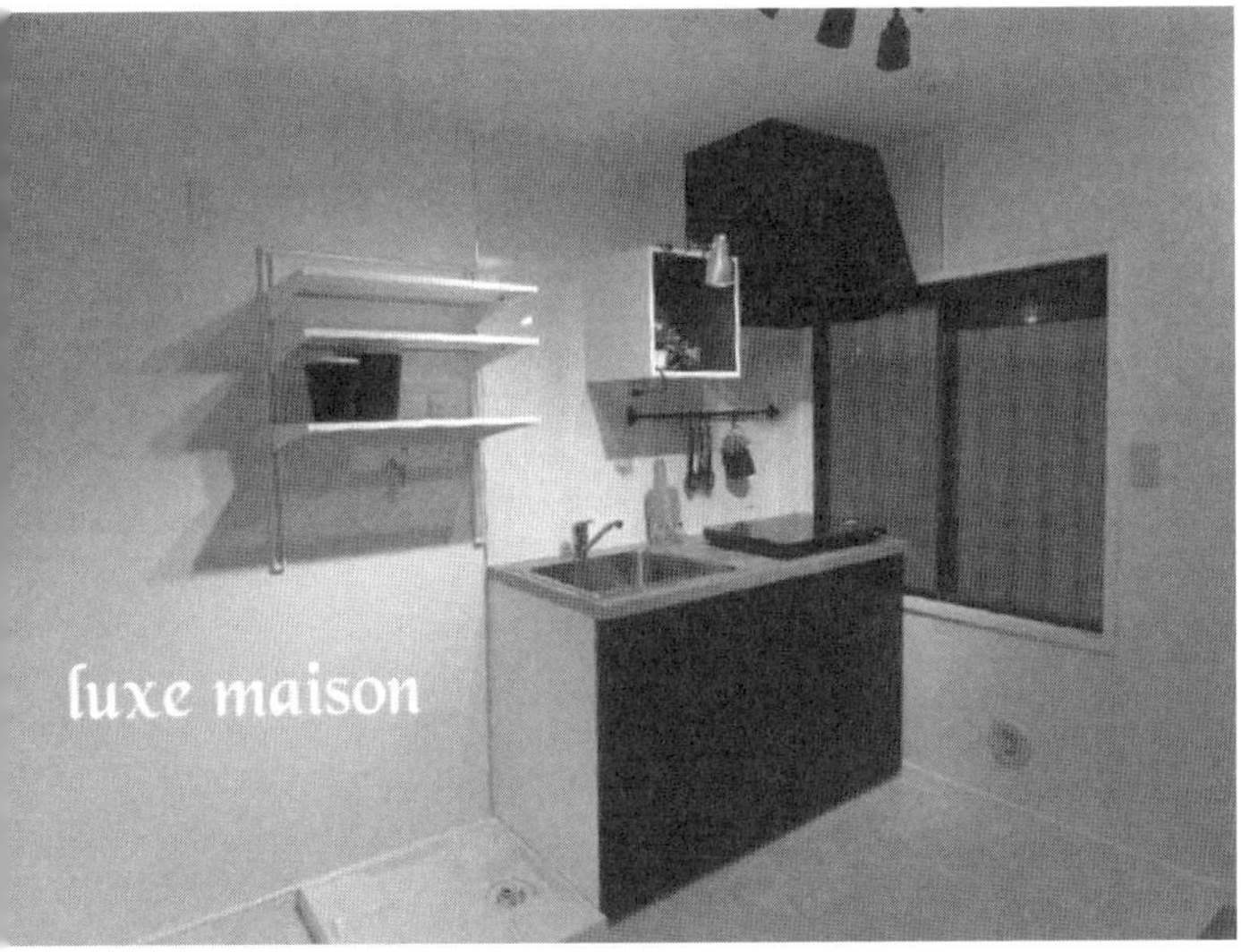

▲キッチンを造作して洗濯機置き場を部屋に移設

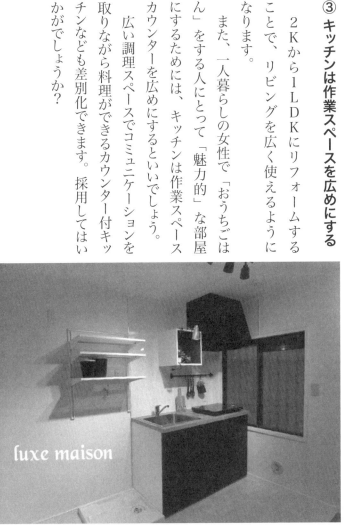

④シーリングライト一個だけはやめましょう

自宅の天井照明に、丸いシーリングライト一個だけの方も多いと思いますが、照明はデザインだけでなく明かりの見せ方で、インテリアのアイキャッチになり、部屋のセンスや心地よさをあげてくれます。

▼照明は複数照明で部屋をセンスアップ

ペンダントライトやダクトレールにスポットライトを何か所か設置して壁に照明を当てるだけでも良いでしょう。フロアライトやテーブルランプ・キャンドルライトを置くと空間の広がりや奥行を感じられます。是非、自宅の照明も変えてみてください。今は、素敵なデザインの照明器具がＩＫＥＡやネットなどで簡単に購入

できます。

この事例の写真は、ファミリータイプ一棟マンションのリフォーム依頼の事例です。12部屋が空室でした。12部屋、それぞれの部屋のインテリアコンセプトを変えてコスパリフォームをしました。そして1部屋だけコンセプト（ミッキーマウスのキャラクター部屋）を全部ＩＫＥＡの家具でモデルルームを作りました。インテリアコーデを気に入って頂いた小さいお子さんがいるファミリーに入居条件をつけて家具を差し上げました。モデルルームの家具を回収や移動させるのは大変なので、家具を入居条件につけると喜ばれますし、手間がかかりません。

電球の色には気を付けて選定しましょう。電球色にするとリラックスする空間になります。

余談ですが日本の住宅照明は夜でも煌々と明るいのが当たり前ですね。

以前、私のブログ（勉強を集中できる子供部屋のつくり方・照明計画『睡眠』②）にも書きましたが、最近スマホの普及で大人ばかりでなくお子さんの睡眠不足が多いそうです。夜は、照明の明るさや色を調節してお子さんや家族の自律神経を整えて、より良い睡眠をとることで健全な生活が送れると思います。

⑤ステージング（飾り付け）をしましょう

モデルルームを作るとお金が掛かりますが、少し予算に余裕があれば部屋のステージングをしましょう。借りる人がこの部屋に住むイメージを作ってみましょう。ステージングで大型家具は映えますが、撤去や移動が大変なので、軽くて運びやすいものがよいと思います。

アート・カーテン・キッチン小物やラグ、クッションやグリーンなどを採用します。ファブリックは、大きい面積でイメージを変えられるので効果的です。

特にカーテンやペンダント照明は、住んでいる感が演出しやすいので内覧者に好印象を与えます。是非設置しましょう。

▲ファミリータイプには、こんなステージングが素敵になります

部屋探しはネット検索が主役です。物件の内装写真が大きなポイントになります。素敵な部屋が皆さんに伝わるように、撮り方も重要なのです。

時間がない、苦手な方には、ステージングサービスをしている会社がありますので利用してみてください。

⑥ 付加価値を作る

▼エアベッドで空間にボリュームを出せます

ワンルームの部屋は、特に収納が少ないです。狭い玄関にパイプハンガーやフック・ミラーなどワンルームに取り付けると部屋に入った時のフォーカルポイントになります。ミラーは、ワンルームの狭い空間に効果的です。ＩＫＥＡの1万円くらいの組み合わせでもとても素敵になります。

一人暮らしの女性が気になるのが「防

犯は大丈夫なのかな？」ということでしょう。そんな入居者の心理を考えて、ＴＶモニターフォンやディンプルキー、室内用物干しを設置します。室内用の物干しは1万円から2万円で購入できてお手軽です。そうすることで「この部屋は他と違うな」という印象を与えましょう。

他にネット通販用に宅配ボックス、ネット使い放題も人気が高いですね。

コストを抑えて付加価値アップを頑張りましょう。

⑦和室は工夫すれば和モダンになる

和室の場合、リフォームすると高価なものになってしまいますが、海外の方などは和モダンな和室を好まれます。

琉球畳がお勧めですが、価格が

▼和モダンなイメージの和室になりました

高いのであまり無理はできません。

そこで、畳の縁を目立たせない色を採用することで「琉球畳風」にすることができます。襖は作りによりますが、量産クロスを貼ってみましょう。柄物が難しいようでしたら、まずはグレーなどの単色が無難です。襖紙と大差ない金額で和モダンな和室になります。

⑧ 3点ユニットバスをリフォームする際はバストイレ別を検討しましょう

アパートのユニットバスは、シングル向けの物件では水回りの設置スペースの問題から、3点ユニットが設けられているケースが多くあります。ところが、特に女性からの人気が低く、バスとトイレ別の物件を希望する人が多いため、部屋探しにおいても敬遠される傾向にあります。リフォームの際には、ユニットバスとトイレを分けることを検討してみましょう。

また賃貸物件の場合、3点ユニットバスとバストイレ別では家賃自体が1割以上違うため、家賃をあげることができます。費用は大体50万程度かかりますが、リフォームをする際は、バストイレ別を検討してみましょう。もしくは、シャワールームも省スペースで人気があります。

ただ注意が必要なのは、女性ターゲットですと、浴槽を希望することが多いので注意しましょう。

外にある洗濯機置き場を室内に移設することは、とても有効です。アンケートでこの設備がないと入居が決まらないトップ10の1位は、シングル、ファミリーともに「室内洗濯機置き場」だそうです。ファミリー2位、シングル3位が「独立洗面台」です。（全国賃貸住宅新聞より引用）

⑨せめてトイレは、綺麗にしましょう

リフォームの予算が少ないようでしたら、まずはトイレや洗面室やキッチンなどの水回りから綺麗にしましょう。ピカピカした使いやすいシングルレバー水栓金物の交換だけでも効果的です。

特にトイレは、汚れが気になる場所で

▲トレンドの柄のトイレ

す。床や壁紙を変えると清潔感があがり女性には、さらに好印象になります。

個室なので部屋のインテリアテイストに合わせて壁紙やクッションフロア（トレンドの柄）を選定するのも良いですが、個性的なインテリアも良いです。面積が狭いのでＤＩＹにチャレンジするとコストパフォーマンスが良くなります。YouTubeで施工方法を説明している方もいるので参考にしてみてはいかがでしょうか。

⑩ 差別化をつける

すべての部屋や建物をトレンドのインテリアにすることが大切ではありません。

古くなった部屋や建物のつくりを活かすことも大切です。昔の建物の部材は、しっかりしていて今では手に入らない価値あるものです。現代の設備やインテリアを上手く融合させることによって大きな差別化になります。

日本の文化に触れたいと来られる外国人観光客のニーズにもマッチするでしょう。既存の部屋や建物を上手く活かすのも、コスパリフォーム・リノベーションだと思います。

「ＤＩＹ型賃貸物件」も最近人気があります。コストをかけずに築古物件の入居率を上げられる有効な工事です。以前、築古の貸家のお仕事をさせていただきましたが、

ＤＩＹができる壁の範囲を一面のみと決めることで大家さんも安心です。『ＤＩＹのできる賃貸』と借主に喜ばれる差別化された物件になります。

注：内装制限がありますので、ご自分の物件は、きちんと確認してください。賃貸ＤＩＹガイドラインを活用してください。

はじめにお話ししましたが、コンセプト・プロデュースが大切です。**「借りる人にとって、心地良い空間づくりをすること」**が差別化につながると思います。

9 実際の施工事例に基づいたアドバイス

ここからは私が実際に関わってきた物件の事例をもとにアドバイスをさせていただきます。

① 初心者向け
～インテリアのコンセプトを女性ターゲットにしましょう～

［都内新築一棟マンションデザインプロデュースの事例］

今まで物件にかかわってきて感じているのは女性向けの方が入居率が高いということです。

この一棟マンションは、コンクリート打ち放しに塗装のアクセントカラーで分けました。フランスの伝統色から選定したブルー・ブラックブルー・グリーン・ピンクです。２部屋をピンクにしましたが男性の入居が決まりました。

女性向けですと、男前インテリアも最近は人気がありますが、経験上女性を意識して部屋をデザインすると女性・男性の両方に求められやすくなります。

▲ジェンダーフリーも視野に入れてください

②　初心者向け
～ナチュラルテイストが人気～

［都内新築一棟マンションデザインプロデュースの事例］

住んでみたいインテリア人気ＮＯ１は、ナチュラルなインテリアです。

やはりナチュラルテイストは誰にでも好まれます。この事例ではグリーンの塗装壁、ペット可のマンションだったため、ロハスなイメージを採用したところ、公開からすぐに入居者が埋まりました。

③　上級者向け
～普段住めない憧れのインテリアに～

▲ナチュラルなインテリアは万人に好まれます

［都内新築一棟マンションデザインプロデュースの事例］

賃貸だからこそ、大胆にデザインしましょう。特に、ワンルームの差別化に効果的です。こちらは床はナチュラルで壁を綺麗なブルーに塗装。フランスの伝統色の中からチョイスしました。さらに、一方の壁を黒に塗装した男前インテリア。

廊下が長くてキッチンも部屋の中にあるような物件。長い廊下の部分にハンガーを設置しました。家賃が高くワンルームで10万円だったのですが、満室になりました。

▲廊下が長く狭い間取りなので長いパイプを設置。コンクリート打ち放しと塗装アクセントにブラックブルーの個性的な部屋

④ 上級者向け ～普段住めない憧れのインテリアとペットと暮らす付加価値を付けて差別化する～

［ペット共生マンションの事例］

賃貸マンションのコンセプトは、ホテルのシングルルームです。ワンルームとコンパクトな空間ですが、設備は、ホテル並みのレベルです。こちらの事例は、後ほど第5章の対談で紹介させて頂きます。

これからペット共生マンションの需要はどんどん増えていくと思います。以前アニドック様の「アニドックマンション」のプロモーション動画のデザインプロデュースのお仕事をさせて頂きました

従来のペット共生マンションより進んだペット共生マンションです。広々とした郊外型、ドックラン完備、獣医の往診など安心のサポート、空室や家賃を下げることなく安心の経営ができ、オーナー様、入居者、ペットも安心して幸せに暮らすことのできるこれからの賃貸マンションです。

⑤ 一棟マンションやアパートをお持ちのオーナー

《エントランス・ファサード》

［都内新築一棟マンションプロデュースの事例］

部屋を内見する時は最初に、エントランス・ファサードをまず見ますよね。一棟物件をお持ちのオーナーは、この場所の見せ方も大切にしてください。下の写真は、先ほどのペット共生マンションのエントランスです。

昼も夜も美しい空間に、住む方やペットの楽しい暮らしが思い浮かびます。清潔に掃除されていることはもちろんですが、建物の価値が出る部分です。アイディアでイメージが変わります。

▲ペット共生マンションのエントランス・ナチュラルでペットと幸せに暮らすイメージ

《内装編》

［梅田のタワーマンション・インテリアコーディネート］

アユカワさんの大阪・梅田に借りているタワーマンションの部屋をインテリアコーディネートさせて頂きました。室内は綺麗でしたし、賃貸なのでインテリアの設置のみでした。以前お仕事で、ニューヨークにお住まいだったそうです。

アユカワさんのお話しを伺いまして、プロデューサーのお仕事での音楽や映像、ニューヨークを感じられるインテリアにしました。アートや照明が、より空間を素敵にしています。

▲アユカワさん梅田のインテリアコーディネート

最後に、コスパリフォーム・リノベーションをする際の注意点を2つあげましょう。

❶工事金額や予算などかけられる金額を試算しましょう。

家賃の何か月分で工事金額が回収できるのか？　いくら掛けるのか？　きちんと試算をしましょう。短期・長期回収の計画も大切です。

❷新たな物件の家賃設定を考えましょう。

相場より下げれば入居が決まりますが、物件価値や家賃を下げずに上げられる最大限の努力をしましょう。家賃が高く満室なら物件の価値が上がります。高く売却もできます。

ここまでセンスあるコスパデザインリフォーム・リノベーションをすることで、空室を埋める方法をご紹介してきました。

オーナー様にも、借りる方にも『幸せが連続する空間』であってほしいですね。

▲錦糸町マンションエントランス、タイルの素材と貼り方で高級感を演出

ご自宅も賃貸物件も、住まいの環境をより豊かで心地よい暮らしができる空間にすることが大切だと思います。

それと同じように、物件を選ぶ際にはデザインや機能性だけでなく、風水や占いの観点から選ぶ…という方もいらっしゃるでしょう。

次章では、占い師のＫＵＲＡＲＡさんが、「運気を味方に満室経営」をご紹介しています。

第4章

運気を味方に満室経営

（KURARA）

1 こんにちは、占い師KURARAです

ここからは「見えない世界」のお話になります。経験を積み、不動産投資のプロの話を聞いて、ある程度どんな物件を選ぶべきか分かったとしても、「入居者が入らない…」「家賃が滞る…」そして、中には事故物件が発生してしまったというケースもあるかもしれません。それは、あなたの物件選びのスキルが足りなかったからなのでしょうか？　いいえ、もしかしたら、「見えない世界」が関わっているのかもしれません。

「運気」という言葉をご存知ですよね。実力や努力ではあらがえない不思議な流れのことです。人にはそれぞれ運の波があります。運の良い時には必要な情報が舞い込んできたり、欲しかったものをもらったり、臨時収入が入ったり、立て続けに良いことが起こります。その逆に、運の悪い時には、体調を崩したり、イライラしたり、嫌なことが起こりやすくなります。

私が得意とする「占いを使用したビジネスコンサルティング」ではこの運気の流れを最大限に利用します。占いはツールであり、人生という長い迷路に立つ案内板です。占いの結果を聴いた後に、とどまるのも、歩くのも、選択するのも、あなた自身です。

どんなお悩みでも、魔法のように消えることはありません。行動して初めて輝く未来につなげることができるのです。運気をうまく扱うことであなたの毎日をより早く理想の人生に近づけることができます。運気の悪い時はあまり動かず、休養と勉強に当てて力を蓄えるべきとされています。そして運の良い時期に行動すれば、努力した分の何倍もの幸運のリターンがあります。

ここでもし、良いことが起こりやすい「運の良い」状態を少しでも長く保てたらどうでしょう？　「そんなおいしい話あるわけないじゃん〜」とお思いかもしれませんが少しの努力で可能なのです。

運気を味方につけて、あなたの物件を「幸せが舞い降りるステージ」へと変えていきましょう。

2 占い師が語る『こんな物件を選べ』

所有するだけで『幸運を呼び込む物件』というものがあります。折角でしたら持っているだけで運気も上がる不動産投資をしてみませんか。占いと開運法をプラスしてより安定した収入に繋げましょう。
幸運を呼び込む物件には、３つの条件があります。

①明るい場所

よく陽が当たる場所を選びましょう。陽当たり良好な南側の部屋は、ご存知の通り人気ですが、占い的にも良い物件とされています。

逆に陽が当たらない北側に玄関がある物件は『泥棒門』と呼ばれ、空き巣に入られやすく、住んでいる人の気持ちが落ち込みやすくなります。家の顔である玄関は明るい状態を保つことが大事です。北側に玄関がある場合は、玄関の明かりを常につけておくことをお勧めします。電気代がもったいないと思われるかもしれませんが、電気がついていることで空き巣対策にもなりますし、是非実践してみてください。

自分が住んでいなかったとしても、入居者の運気が悪くなれば、収入に影響が出て家賃も滞るかもしれません。明るくハッピーな気持ちになれる環境を維持することを心がけてください。

②自分がワクワクする場所

あなたが選んだ物件は、たとえあなたが住んでいなくてもあなたと繋がっています。

「自分は住みたくないけど、誰か住む人がいるならいいか」

そんな考えを持っていては、運気はいい方向には向かいません。

「できることなら私が住みたい！」

そのくらい好きになる物件を選ぶと、物件の持つ運気は上がり、たくさんの幸運を呼んできてくれるはずです。

③ 四角形の部屋

できるだけ、かけ（へこんだ部分）、はり（出っ張った部分）が無い部屋を選びましょう。私が使用する占い方法では、東西南北の方位によって得意な運気があるとされています。

（例）東＝発展運　西＝金銭運　南＝名誉運　北＝交際運

部屋の形がギザギザだったり、ある部分だけ欠けていたりすると、その方位の運が溜まりにくいのです。例えば、部屋の西側が欠けていると、金銭運に難がでます。つまり収入が入ってこない、貯まらない、ということです。全ての運を取り入れるためにも、できるだけきれいな四角形の部屋を選びましょう。

3 運気を下げる物件

立地は良いのになかなか満室にならないのは何故か？　もしかしたらそれはその物件や土地そのものの気が悪いからかもしれません。ここでは、オーナー様や入居者様の運気にマイナス影響がある物件の特徴を４つご紹介します。

①悲しみの匂いがする場所

例えば、お寺の近くや、墓地が見える場所などです。悲しんでいる人や、泣いている人が見える場所は負のオーラが漂ってきますので避けたほうがいいでしょう。墓地の近くの物件を持っている場合は、できるだけ窓とカーテンを閉めて、お線香の匂いが入ってこないようにするなど、対策をしてください。

しかし、全てが悪いとは言い切れません。墓地の周りは高い建物が少なく、太陽の光が入りやすいというメリットもあります。外国人向けの物件にするという手もあります。外国人の方は、墓地やお寺などの悲しみの雰囲気が気にならないという方が多いので、影響が少ないのです。逆にトラディショナルなお寺の建物が好きな方もいます。いっそのこと外国人向けの物件にしてしまえば人気が出るかもしれません。

② 谷にある土地

低い土地にある物件は、湿気が溜まりやすく、蟻や虫が湧きやすいという物理的な問題点もありますが、占いでもネガティブな土地とされています。

一昔前まで土地が良くないといわれていたのは『六本木』『渋谷』です。これらの土地は低地の悪い気を改善するために、積極的に若者を集めて運気を活性化させたり、高い建物をたくさん建てることで、低い土地の運気の悪さを相殺する工夫をしています。現在『渋谷』『六本木』の運気の悪さは問題ない程度まで解消されたと言われています。

③ 三角形の土地や袋小路・T字路にある物件

左の図の物件のような、T字路の突き当りにある物件は注意が必要です。

「路殺（ろさつ）」といい、道路から向かってくる「悪い気」の逃げ場がなく、直接「悪い気」の影響を受けてしまいます。

袋小路に建つ物件も同じく大凶の物件です。不運が続いたり、喧嘩が多くなったり、体調不良となって住人に影響します。もし、どうしてもこの物件を選ぶ場合は、道路と建物の間に塀を立てるなどして、直接悪い気を受けない工夫をしましょう。

そして、上の図のような、Y字路に建てられた物件も要注意です。三角形の土地に住むと、精神が病みやすくなるため避けてください。

また、周囲の物件の角が自分の物件に向かっている場合も悪影響が出ます。角の尖った部分が向かっている方向に、イライラした気や暴力的な気も向かってくるとされています。

ここからは中国で実際にあった『風水戦争』のお話です。香港にあるA銀行は「龍脈」という風水学上の強いパワースポットの上に建っていました。他にも風水を使った開運法をたくさん取り入れて、グングンと業績を伸ばしていました。ある時、ライバルであるB銀行が、A銀行の隣に新しくビルを建設しました。B銀行の形は三角形。その鋭い角がわざとA銀行に向かうように建てたのです。風水や占いが盛んな香港で、B銀行の行為は「宣戦布告」にあたります。A銀行も、だまってはいません。屋上に大砲のようなオブジェ（清掃用のゴンドラだといわれています）をつくり、B銀行向けて設置しました。これが風水を使用してお互いを牽制し合っている香港の『風水戦争』です。現在この話は有名になり、中国人に人気の観光地にもなっているそうです。

④ 事故物件

率直に言います。もし事故物件がでてしまったら、できるだけ早く手放しましょう。事故物件は、そもそも土地や環境に問題がある場合が多いのです。立地だったり間取りだったり悪いエネルギーが溜まって、なるべくしてなった可能性が高いのです。やはり事故物件を抱えていると運気は下がってしまいます。しかし、簡単に手放せと言われてすぐに売れるものではないのもわかります。そこで、事故物件が出てしまった場合にすぐにできる対策をご紹介します。

【お祓い】

神社やお寺などに依頼をして、現地のお祓いをしましょう。シンプルですがこれが一番効果的です。部屋だけではなく、土地や建物ごと祓ってもらいましょう。そして必要以上に怖がらないこと、意識しないことを心掛けましょう。

【酒を入れたコップを置く】

一人で簡単にできる対策の一つです。コップに清酒を入れて部屋の中心に置き、供養を受け入れてもらうようにお願いをするのです。除霊や浄霊というものは、オバケを敵だとみなすようなものなので、オバケからしたら気分は悪いですよね。

「これからここに住む方を怖がらせないでください」とお願いしましょう。自分の判断で盛り塩をしてはいけません。

ちなみにこの方法は物件だけではなく、旅行先のホテルや旅館などで嫌な空気を感じた時にも有効な方法です。酒が無ければ水でも構いませんので、覚えておくと便利です。

【規則正しい生活と空気の入れ替え】

事故物件と関わると、どうしてもネガティブな運気に引っ張られます。放っておくとお風呂に入るのが面倒になったり、暴飲暴食を繰り返したり、部屋が散らかってきたり、生活は荒れ、言葉遣いが汚くなり、どんどん人とも会わなくなります。恐ろしいですよね。そこで運気を取り戻すために意識して早起きをし、朝日を浴びてください。朝日のパワーは最強です。悪い物を飛ばして元気と運気の充電ができます。そして、そのまま家の窓を全開にして空気の入れ替えをしましょう。悪い運気は暗いジメジメした場所を好みます。現地だけでなく、ご自宅も、明るくカラッとした状態を保つように心掛けてください。

4 運気を上げて空室解消

マンション・アパート経営をしていく上で、空室になる時期も当然出てくるでしょう。空室期間を短く、満室に近づけるために有効なのは、経営者の運気を底上げすることと、場所の運気を上げることです。今回は、空室の物件に対して行う開運法、経営者の自宅に対してするべき開運法をそれぞれご紹介したいと思います。

【空室の物件で行う開運法】

①モデルルームのように演出

空っぽな状況をなるべく作らないようにしましょう。その場所に「人が住んでいるように錯覚させる」ことが大事です。大々的に家具や家電などを揃えるとお金がかかるので、写真立てや観葉植物、食器、小物などを置くだけでも十分効果が現れます。

先述の『こんな物件はやめましょう』でも紹介したように、土地の気が悪い場合もあります。谷や元湿地など土地そのものが良くない感じがする場合は、絨毯を敷きましょう。絨毯は下からの悪い気をシャットアウトしてくれます。部屋全体に敷くのが難しい場合は、玄関マットだけでも置いてください。また、絨毯は幾何学模様など派手な柄の方が効果があるとされています。

②空気を入れ替える

よどんだ空気は良くありません。定期的に足を運び、空気を入れ替えましょう。臭いが気になるようだったら、消臭グッズなどで対策を取りましょう。「悪い臭い＝悪い気」だと思ってください。特に、洗濯機の防水パンは、臭いが出やすいのでこまめに掃除をして清潔に保ちましょう。

③水周りは定期的に流す

トイレやお風呂場など水が溜まっている場所は定期的に流しましょう。虫が湧きやすくなるだけでなく、よどんだ水は悪運を呼び寄せてしまいます。

④ブレーカーを上げておく

いつでも、すぐに住める状態にしておくことが非常に大切です。部屋というものは、今の状況を覚えて保とうとするもので、空室の状態が続くと、その状態を覚えてしまい維持しようとします。「この部屋は人が住んでいますよ」と、部屋に錯覚させましょう。

⑤手順を守った盛り塩を

「悪いモノを払うためには盛り塩がいい」と、スピリチュアルに興味が無い方でも聞いたことがあると思います。しかし、いきなり盛り塩をするのは良くありません。盛り塩は『結界』です。本来は「この先オバケお断り」の意味がありますが、「この部屋に霊的なものがいる気がする」そう感じて盛り塩をしてしまうと、そのオバケを部屋に閉じ込めることになります。

もし盛り塩をしたい場合は、神社やお寺などに依頼し部屋のお祓いをしてもらい、悪い気を出した後に盛り塩をしましょう。これならクリアな気に包まれた空間を保てるでしょう。

【空室・ご自宅　両方で行う開運法】

① 生きている植物を置く

植物の力は偉大です。造花ではなく、生きている植物、できればお花を置いてください。鉢植えでも良いのですが、一番良い波動を与えてくれるのは切り花です。花の種類は、ご自身が好きな花や、花びらが多くカラフルな花、季節の花などが良いですね。

私自身は手に入りやすく種類も豊富なガーベラやカーネーションをよく飾ります。

逆に置いてはいけないのが、サボテンです。棘があり、悪影響があるとされています。
植物は部屋の『東側』に置きましょう。東側は開運の方角と言われていて、生花を置くことで幸運が舞い込みやすいのです。もちろんお水は毎日替えてください。

② トイレと玄関は大切に

「トイレと玄関は毎日掃除しましょう」と、どの開運本を開いても書かれています。しかし、やはり面倒臭いので実行している方は殆どいません。トイレと玄関掃除の効果は絶大です！　ご自宅と、空いている物件に定期的に行ける場合は両方掃除しましょう。

通常に清掃するだけでもスッキリしますが、更に開運効果を期待するなら、最後に塩か酒を溶かした水で雑巾を絞り、玄関のたたき、トイレの床、便器を拭き上げてください。手間ですがこれを毎日、1か月続けていただくと目に見える良い変化が現れるはずです！　騙されたと思って是非試してみてください。

【ご自宅で行う開運法】

まずはご自宅が持つ運気を知りましょう。私たちは、睡眠中に運気をチャージしています。毎日寝食する家の形は運気に大きく影響します。間取りや方位には意味があり、それを理解し、対策をすることで、自分自身と家族の護りを強化することができます。全ての方位に意味がありますが、今回は不動産投資に深く関係ある方位をピックアップしました。

①西

『金銭』を司る方角です。

ご自宅の西側に窓がある場合、そこから金運が出ていってしまいます。そこに家具を置き窓をつぶしてしまうか、遮光カーテンで西陽が入らないように工夫しましょう。

西の水回りもお金が流れて出てしまうと言われているので、使っていない時は常に排水溝に栓をしておいてください。そしてできるだけ掃除をして清潔に保ちましょう。

ガスコンロにもご注意。『お金が燃えてしまう』という意味で、西に火があるのは凶とされています。ガスコンロは隠せるのであれば隠してください。そして近くに植物を置き、良い運気を補ってください。

② 東南

東南は、不動産投資において大切な『信用』の方位です。ご自宅の東南を清潔に保ち大切にすることで、幸運が舞い込み、人の縁を結んでくれます。よりスムーズな取引ができることでしょう。

③ 北東と南西

北東と南西は『不動産』を司っています。北東は『家屋』『事業』を、南西は『土地』を意味します。また鬼門、裏鬼門という占いでも重要な意味を持つ場所になります。その名の通り、鬼が出入りするとも言われる方位で、この方角は明るくシンプルにしておく必要があります。不要なものは置かないでください。

5 占い師が語る人付き合いのススメ

【運気が良い人はこんな顔】

不動産投資を進めていく中で、いろいろな方と知り合い、幅広くお付き合いが発生しますよね。『この人と付き合っていると何か良いことがある』という人物にはお顔に共通の特徴があります。自分にプラスの流れを持ってきてくれる人はどんな方でしょうか。

① 丸顔・ピンク顔

七福神の大黒様のようなイメージで、顔がテカテカした丸顔の方は、お金が寄ってくるとされています。

② 鼻が大きい・団子鼻

鼻は金運を表します。団子鼻で大きい鼻の持ち主は財力があるとされています。

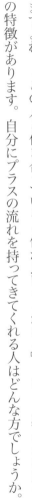

ただ、鼻の穴が上を向いて穴が見えている人は、そこからお金が逃げてしまい、お金が貯まりにくいようです。鼻の穴が見えない大きな鼻を持った人を見つけましょう。

③ 唇が厚い

唇に厚みがある人は情にも厚いと言われています。取引先にぽってりした唇の人がいたら、信頼できるビジネスパートナーとなるでしょう。唇の両脇にほくろがあると、金運も持っている人なのでなお良いです。

しかしどんなに唇が厚くても、口角の下がったへの字口の人は愚痴が多くマイナス思考なので、気を付けてください。

④ 耳たぶが大きく厚い

いわゆる福耳の人です。耳は財運を表します。耳たぶが大きく垂れ厚みのある人はお金に困らないそうです。もしご自身の財運を上げたい場合も、耳たぶをマッサージしたりひっぱたりすると効果があると言われています。

【人脈を広げるための簡単開運方法】

人との繋がりで人生は大きく変わります。豊かな人生は豊かな人脈からと言っても過言ではありません。上質な人間関係を築くために、今日からできる簡単な開運方法があります。

① おでこを出す

最新の情報はおでこから入ってきます。額はアンテナの役目がありますので、最新の情報が欲しい時はおでこを出しておきましょう。丸みがあり、てかてかしているおでこ

が理想です。乾燥や肌荒れを起こしている方はトラブルを抱えやすいのでケアしましょう。

②眉毛を整える

その人の持つ運気を見るのに、眉毛は重要です。薄い眉毛より、濃い眉毛の方が運気は強くなります。薄い人は描き足しましょう。

また、眉間の広さでも運勢が変わってきます。

- **眉間が広い方→人脈が広がりやすい**
- **眉間が狭い方→お金がたまりやすい**

どちらを取るか悩ましいところですね。パーティなど人と会う時は眉間を広げ、普段は空室リスクを回避するためにも眉間を書き足してお金が貯まりやすい眉に整えてはいかがでしょうか。

③小指の爪を伸ばす

まず自分の手の指を見てください。

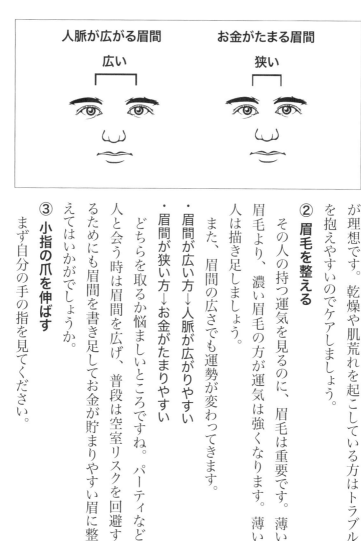

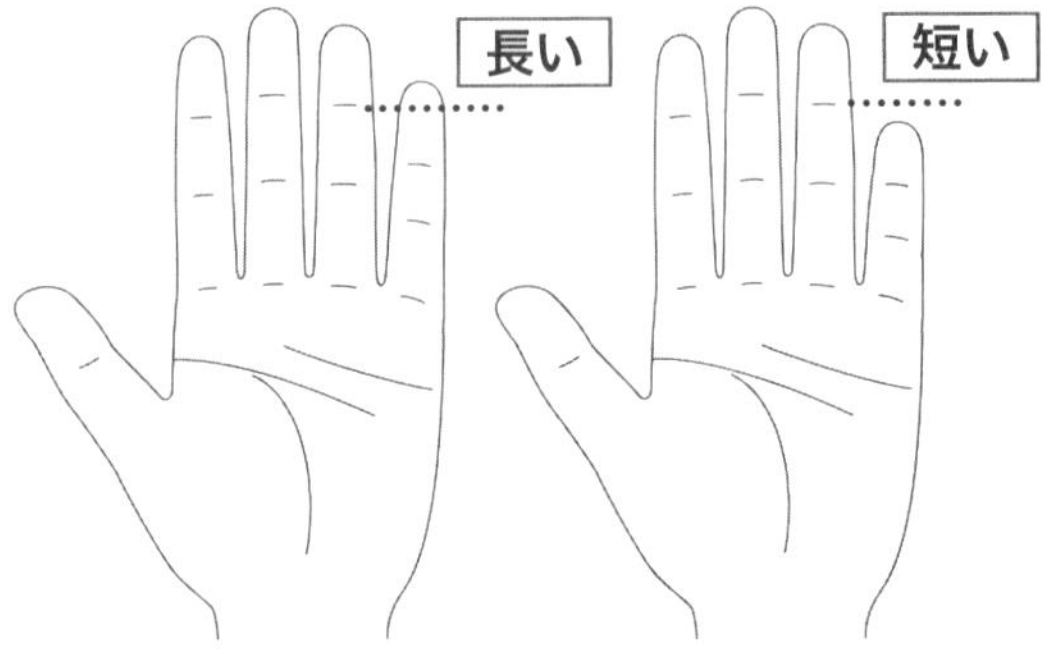

小指が薬指の第一関節より長い人は、人付き合いが上手な人です。

もし、薬指の第一関節より小指が短いのなら、人付き合いが苦手なタイプかもしれません。小指の爪を薬指の第1関節まで伸ばして補うと、対人関係の苦手意識を克服することができますよ（やりすぎには注意！　身だしなみの第一印象が悪いと、元も子もないですからね）。

④　不要な名刺は処分する

ビジネスにおいて出会いは重要です。そして出会えば出会うだけ名刺がどんどん増えていきます。その中には、もう何十年も会っていない人、顔も覚えていない人の名刺も混じっていませんか。「いつか使うだろう」「念のために残しておこう」その気持ちもわかりますが、思い切って処分すると人生がプラスに変化します。

古い賞味期限切れのご縁を断ち切ると、新しいご縁が繋がります。心配なら写真に残したりスキャンしておくと安心です。30枚捨てると、今あなたに必要な人脈が面白いように広がりますよ！

6 普段の生活で運気を呼び寄せる10のポイント

あなた自身の運気を底上げしておけば、すべてがうまく回るようになります。運気を呼び寄せる10のポイントを押さえておきましょう。

① 掃除をして、花を飾る

繰り返しになりますが、普段生活する場所を清潔に保つことはとても大切です。トイレと玄関を重点的にお掃除してください。そして美しくなった空間には花を生けましょう。大事なのは『生花』を飾ることです。

② 言葉を意識する

日本には『言霊』という概念があります。汚い言葉を使う人、美しい言葉を使う人、それぞれその言葉遣いに見合った人生が待っています。

しかし、良い言葉を使いたくても、暮らしの中で楽しいことばかりが起きるわけではありません。

嫌な出来事が起こった時、つい言葉遣いが荒くなってしまうものです。「バカヤロー」「なんだアイツ！」そんな言葉が口から出てしまったら、すぐにこう言いましょう。

「うそうそ、今のうそ！」

自分で発したネガティブな発言を否定してください。無かったことにしてしまいましょう。

そして、あなたが穏やかに過ごしていても、周りにいる人が汚い言葉を使っていたり、誰かの悪口を聞いてしまったり、ネガティブオーラに当たってしまうこともあるかと思います。そんな時はこの言葉を呟きましょう。

「つるかめ、つるかめ」

鶴と亀は縁起がいいものとして有名ですよね。この言葉で悪い運気を相殺してくれます。有名な経営者も使っていた文言で、嘘みたいな話ですが効果がありますよ！

③ 食事に気を付ける

新鮮な食材で自炊をしたり、家族に作ってもらったり、「自分のために作られた食事」をいただくようにしましょう。コンビニで「不特定多数のための大量生産品」を購入して食べるよりも、ずっと運気を上昇させるパワーがあります。外食する時は、チェーン店よりも、馴染みの食堂で、馴染みの店主があなたのために作ってくれた定食を食べると良いですね。

一人より、心を許せる誰かと一緒に食事をすることが理想です。あなたが一人暮らしで誰かと食べることが難しい場合でも、テレビを消して、携帯電話を置いて、食事の時間に集中しましょう。食材の色、におい、味を感じ、食感を楽しんでください。食事とは、地球のパワーをダイレクトに身体に取り込む、壮大な儀式なのです。

④ 自分の尊敬する人、好きな人と一緒にいる時間を作る

尊敬する人と一緒に過ごす時間をたくさん作りましょう。積極的にその人の側に行き、交流することで、その人があなたのステージを引き上げてくれます。

特に尊敬する人が思い当たらない場合は、英会話スクールやスポーツジムなど、何かの目的を持った人達が集まる場所に行きましょう。ポジティブな人達と触れ合うと、あなたの運気も上がっていきます。

好きな人に会うことも効果的です。好きな人と一緒にいると最高のハッピーオーラを発します。ハッピーオーラにはさらに幸せが引き寄せられ、幸せの連鎖が起こります。普段恋人との会話をメールで済ませている人は、少し時間を作って会いに行ってみましょう。

⑤嫌な人とは極力会わない

先ほどとは逆で、嫌な人と会うと、確実に悪い出来事が起こりやすくなります。話すだけで嫌な気持ちになるような相手なら無理に会わなくて良いのです。

人生は一度きりです。そんな人物に時間を割くのは勿体無いですよね。我が儘に聞こえるかもしれませんが、縁を切れば新たな縁が生まれるもの。これを機に新たなご縁を探しに行ってみましょう。

⑥自分の直感を信じる

大事なことは『ワクワクするか』です。

「そろそろ美容院に行こうかな～」こんな考えが心に浮かんだら、何も難しいことは考えないで美容院に直行してください。うっかりしていると「でも混んでいたらいやだなあ」と、頭で他のことを考え始めてしまいます。頭で考える前に、心で直感的に思ったことを信じましょう。直感に従って行動することでその感覚は研ぎ澄まされ『何が本当に自分に必要か』が分かってきます。

⑦ラッキーカラーを知る

皆さんにはそれぞれラッキーカラーがあります。大事な契約の時や、重要な商談の時に身に付けておくだけで運気が上がります。もしラッキーカラーが派手な色で、身に付けるのが難しい場合は、下着やアクセサリーで取り入れましょう。

人には、生まれ持ったラッキーカラーと、その年、その月、その日のラッキーカラーがあります。知りたい方は、ネット検索でも出てきますが、占いサロンＫＵＲＡＲＡでもお教えしておりますよ。

⑧吉方位を知る

行くことで運気が上がる方角もあり『吉方位』といいます。旅行やお参りの参考にして欲しいのは勿論、「買物しようと思ったけど、今日は西の運気がいいから新宿に行ってみようかな～」くらいの気軽な気持ちで取り入れていただくと、楽しく『運気の貯金』ができます。吉方位もネット検索またはKURARAまでどうぞお気軽にお問合せください。

⑨ マイパワースポットでパワーチャージ

テレビや雑誌ではよく神社仏閣や世界遺産などがパワースポットとして紹介されています。しかし、本当のパワースポットはもっと身近にあります。それは、『あなたがワクワクする場所』です。

・好きなアーティストのコンサート会場
・応援する球団の野球選手がヒットを打った時の野球場
・記念日に必ず訪れるお気に入りのあのお店
・気取らず大笑いできる古い友人との楽しい時間
・ペットをもふもふしながら晩酌する一日の終わり
・家族との何気ない会話に幸せを感じる瞬間

など、あなたが「楽しい！」「ワクワクする！」「ほっとする！」と思える場所がパワースポットなのです。

例えば、私のパワースポットは「東京ディズニーランド」です。何十年と通っているのにも関わらず、ディズニーランドのエントランスをくぐる瞬間には胸が高まり、多少の悩みは吹っ飛ぶくらい興奮します。この本でご一緒させていただいたインテリアコーディネーターのくみさんは「美術館」が、アユカワさんは「満員のセミナールーム会場」がそれぞれパワースポットだそうです。

このように何も決まりはありません。「あ！ここ私のパワースポットだ」と思った瞬間から、そこはあなたに元気を与えて運気を上昇させてくれるスペシャルな場所になります。あなただけのパワースポット、思い当たる場所は何処でしょうか。

⑩ 神様にご挨拶

日本には八百万の神様がいらっしゃいます。ご自宅の近くの神社にはご挨拶にいきましょう。

よく神社では「神様にお願い事をしてはいけない」「感謝を告げるだけ」と聞きますよね。でも、折角なら、あなたの願望を神様に伝えて、夢を叶えるサポートをして貰いたいなと思いませんか？

私は神社でがっつりお金のお願いをします。最初は私も「神様にお金のお願いをするなんて心が汚れてると思われるかも」と遠慮していたのですが、ある時自分の希望をしっかりとお伝えすると、急にお金が回るようになったのです！　私がどんな方法で参拝したのか、ご紹介します。

まずお賽銭を入れて、自分の名前と住所、生年月日を告げました。毎日たくさんのオーダーを処理している神様です。個人の詳しい情報を伝えることで、私個人を認識してもらいます。そして神様に感謝を告げて、お願い事をしました。ちょうど私が占い師として活動し始めた時でした。

「神様、本日は無事にお参りさせていただきありがとうございます。私はこれから、占いを仕事にしていきます。私にお金を稼がせてください。稼いだお金は必ず社会に還元します。どうか少しだけお力を貸してください。」

学生時代に東南アジアや中南米を旅行した体験からボランティア活動を続けていたのですが、このお願い事をしてからは定期的な寄付に切り替えました。しかし大手NGO、NPO団体はいまいちお金の流れが見えず、「これで良いのか?」「本当に必要な人に届いているのか?」と疑問に思うことも。モヤモヤしながらも占い(当時は副業として周囲に内緒で活動していました)と寄付を継続しました。

すると段々と依頼が増え、占いでの収入が当時勤めていた会社の月収を越え、脱サラに成功したのです。占い師が本業になったある時です。神様との約束を果たす出会いが訪れました。鑑定のお客様に、発展途上国で学校を建てる活動をなさっている方がいらっしゃったのです。その時「ああこれだ！　稼がせて貰ったお金を還元して神様との約束を果たす時だ！」とすぐにわかりました。

そのお客様から慈善事業について勉強になるお話を伺い、昨年は現地での活動のお手伝いもさせていただきました。ここからのご縁で信頼できる団体に出会い、アジアの学生への支援を始めると同時に、新しい仕事が舞い込み、収入が増え、益々の寄付に繋がるという幸せのスパイラルに！

自分のお願い事をする時は「社会のために、人のためになることをします」と神様に伝え、それを実行しましょう。神様はちゃんとあなたのことを見ています。頑張る人の背中をそっと押してくれますよ。

運気を呼び寄せる10のポイントを紹介しました。

中には、「本当に意味あるの？」「言霊とか、神様とかいるかわからないじゃん」「なんか胡散臭い」そう思う方もいるかもしれません。でも、有るのか無いのか分からないものなら、ちょっとだけ試してみませんか。あなたが楽しんでできそうな物だけ、実践してみてください。必ず損にはなりませんよ！

7 開運はあなたの人生の道しるべになる

アユカワさんから『不動産投資セミナー』のお話を頂いた時、不動産投資の知識がない私は、どんな話しをするべきか悩みました。

しかし、丁度そのタイミングで、立て続けに3名、不動産会社にお勤めの方が占いに来たのです！

その方々に不動産屋・管理会社・オーナー・入居者それぞれの悩みや希望や、あるある話などをいただきながら準備を進め、無事にセミナーに登壇することができました。

『その時欲しい情報に合った人が、最高のタイミングで現れる』

開運とは、まさにこのことなのです！

不動産投資を進める中で、様々な情報が必要になるはずです。あなたにとって有意義な情報を持つ人に会えるのかどうか、好条件の物件を見つけられるかどうかは、あなたの運気が重要です。できることからで大丈夫です。是非、楽しみながら運気を上昇させてください。

あなたが本書を手に取ったのも必然です。この一冊が、あなたの不動産投資による未来を、より明るく照らす道しるべとなりますように。

第5章

【対談】デザインと運気のエッセンスを加えた不動産経営

（アユカワタカヲ・みねぎしくみ・ＫＵＲＡＲＡ）

1 銀河の力を纏うオフィスビル『サクセス銀座東』

サクセス銀座東は、アユカワさんにとって初めての新築オフィスビル投資でしたが、なぜ業種の違うお二人とタッグを組もうと思ったのでしょうか?

アユカワ　このオフィスビルは、他にはないコンセプトでやろうと決めたんです。それが、『商売繁盛ビル』でした。このビルに入った会社は絶対儲かるという願いをこめて(笑)。儲かっている人って絶対に運気が良いと思うんです。「良い運気が溢れる居心地の良い空間を作りたい」、それを叶えてくれるのは、お二人しかいないと思いました。

お二人はこの話を聞いた時は率直にどう思いましたか?

くみ　そうですね。すごく面白そうだなと思いました。少し前からゼネコンで新築一棟マンションのデザインプロデュースをしたことがあったのですが、一棟オフィスのプロデュースは初めてでした。どうなるのかなという興味もありましたし、是非参加したいなと思いました。

KURARA 占いに来て下さるお客様でも、家や部屋の開運アドバイスのご依頼は多いんです。そのノウハウが活かされるのであれば是非協力したいと思いました。占い師になる時にアユカワさんが「いつか一緒に仕事しているかもね」とおっしゃったんですが、こんな形で実現できるとは(笑)。

アユカワ 不動産投資スクールの生徒だったくみさんと、飲み仲間の一人だったKURARAさんと3人で仕事をすることになるワケですからね。偶然の出会いって面白いですよね。

良い運気が溢れる空間を作るために具体的にどんなことをしたのでしょうか?

KURARA このビルは9フロアあるんですけど、まずそこからイメージを膨らませました。占いに興味がない人にもイメージしやすいコンセプトってなんだろうかなって。

▼惑星をテーマとしたオフィスビルフロアー

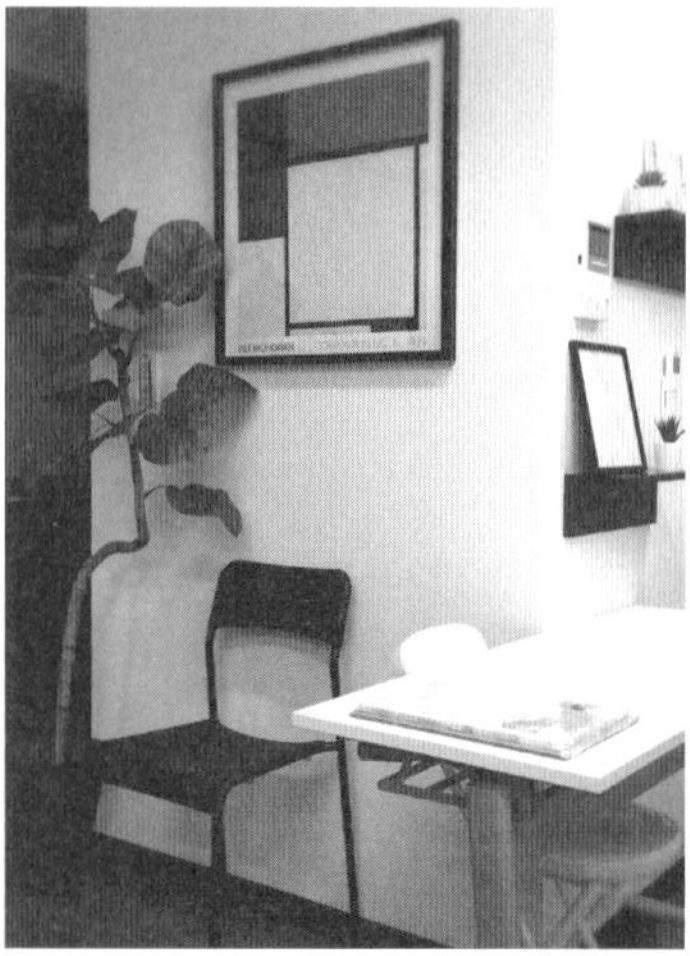

かなり悩んで、アユカワさんに何度もご相談しましたよね。

アユカワ　悩みましたね〜。9フロアそれぞれに意味があるっていうのがすごく面白い発想だなと思ったので、そこから広げていって最終的にたどり着いたのは『惑星』だったんです。それぞれのフロアに違う惑星が決められているんですよね。これは、絶対他にはないオフィスビルになると確信しました。

［各フロアのテーマ］
1階・月、2階・海王星、3階・天王星、
4階・土星、5階・木星、6階・火星、
7階・金星、8階・水星、9階・太陽

KURARA　日本人にも馴染みのある西洋占星術をベースにしたんです。例えば6階の

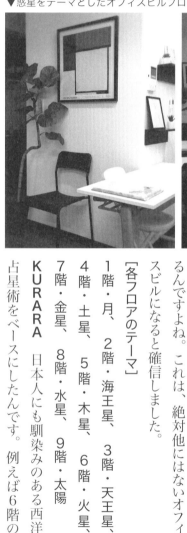

『火星』には、『情熱・積極性』などの意味があります。ビジネスにおいて重要な『行動力』がさらに増幅され、新しい仕事に挑戦していく経営者様を応援するフロアになっています。3階の『天王星』は『改革・斬新性』の惑星で、見たことのないものを創る『発想力』が生まれるという意味が込められているんです。

アユカワ　ビジネスを成功させるにはいろんな力が必要なんですけど、惑星に込められた意味がビジネスに必要な力とリンクするんですよね。それがまた面白かったですね。僕が新進気鋭の若手起業家だったら、天王星の発想力は絶対欲しい（笑）。

アユカワさんとKURARAさんのアイディアでテーマが『惑星』に決まり、それをくみさんが形にしていったわけですね。

くみ　そうですね。惑星とか宇宙って神秘的なイメージですよね。それをオフィスという空間にしていくっていうのは、すごく楽しかったですね。

KURARA　惑星ごとにテーマ色が決まってくるので、『赤』とか『青』とかの強い色がテーマの部屋はデザインが大変かもと思っていたんですけど。そこをくみさんが綺麗にマイルドに整えてくださって、すごく素敵な部屋が出来上がったんです。

くみ　部屋の中で壁紙っていうのは与える印象がとても大きいので、インパクトが強すぎてもダメだし、かといってせっかくお二人に作ってもらったイメージがぼやけてしまってもダメなので、そこのバランスっていうのは考えましたね。

アユカワ　惑星っていう壮大なテーマをくみさんが見事に具現化してくれました。最初に見た時はちょっと感動しましたね。「こんな風に進化したんだ!」って。

その他にもKURARAさんによる開運アイディアが散りばめられているのでしょうか?

KURARA　まずは玄関にある『天使の鈴』ですね。

鈴がなぜ開運の効果があるんですか?

KURARA　神社に行くと大きな鈴がありますよね。あの鈴の音には邪気を払い、幸運を呼び込む力があるんです。お守りにも鈴がついているものが多いんですよ。玄関にも鈴を付けることによって、悪いものを部屋の中に入らせないようにしました。

私たちが住んでいる家に取り付けても効果があるんでしょうか？

ＫＵＲＡＲＡ　もちろんとても効果的です。本格的な鈴でなくても、風鈴のような手軽なものをインテリア感覚で付けていただいても、その音色の効果は十分発揮されますよ。

アユカワ　あの音が鳴ると悪いものが逃げていくんですね。

ＫＵＲＡＲＡ　そうですね。例えば旅先のホテルで、なんか嫌な感じするな～と思った時に、小さい鈴をチリンチリンと鳴らすだけでだいぶ解消される

▼玄関にある『天使の鈴』

と思います。小さい鈴でしたらかさばらないと思いますからお勧めです。鈴が用意できなかったら、手をパンッと叩くと邪気が払われるのでそれもお勧めですね。

くみ　え、手を叩くだけでいいのですか？

KURARA　神社にお参りする時に手を叩きますよね。あのイメージです。パンッという破裂音は邪気を払う効果があるので、鈴が無い時の代替案として使ってください。

アユカワ　でもあの鈴オシャレですし、この部屋にも合っていていいですよね。ヨーロッパのエレガントな部屋のような雰囲気になりましたね。

▼幸運を招く「八卦盤」

KURARA　他にも、玄関には惑星の名前といろいろな図形が書かれたプレートが貼ってあるんですけど、そのプレートには宇宙のパワーが込められているんです。『八卦盤』というのですが、幸運を招き入れてくれる効果があるんですよ。

アユカワ　そういう開運グッズをプロデュースして販売したら儲かるんじゃない

ですか（笑）。

KURARA　どうでしょうね（笑）。もし需要があればプロデュースしてみようかな（笑）。

そんなKURARAさんの開運アイテムやアイディア、そしてくみさんのインテリアデザインが合わさって部屋が誕生したわけですね。

アユカワ　見る方によって良い悪いはあると思うんですけど、とにかく見たことのない部屋が出来上がりましたよね（笑）。

KURARA　全ての部屋が違う内装ってなかなか珍しいですよね。建物が完成して内覧した時は扉を開けるたびに違う宇宙が広がるようで、ワクワクしました。そういった意味でもかなり面白かったですね。

アユカワ　まぁ、そんな僕たち3人がアイディアを出し合って協力して育て上げた我が子のような『サクセス銀座東』なんですけど、実は後日談がありましして今はホテル※になっているんですよね。宿泊客に幸福が舞い降りるビルに生まれ変わりました（笑）。

くみ　ほんと、ビックリしましたね（笑）。

※ホテル名「東京櫻子 hatchobori」

2 人とペットが笑って過ごせる憩いの住まい『PETOTO 東大島』

サクセス銀座東と並行して1棟マンションもプロデュースされたんですよね？

アユカワ　はい。東大島駅近くに7階建ての新築マンションを建てました。第1章でターゲットを決めてから物件を考える方法を紹介しましたが、これがその物件です。ペットと散歩している方々からヒントを得て、ペット共生型のマンションにしました。マンション名は『PETOTO 東大島』、ＫＵＲＡＲＡさんが命名してくださいました。

▼KURARAさん命名の『PETOTO 東大島』

可愛いらしい名前の物件ですが、どのように決めましたか？

KURARA　ターゲットやその建物の用途に合わせて物件名も変えています。例えばオフィスビルの場合は、インパクトが残りやすい強いイメージの名前がいいんですけど、住居だとおしゃれな響きの優しい名前が適しています。今回の『PETOTO』は、ペットを飼っている方をターゲットにしたワンルームメインの物件でしたので、女性に向けたかわいいイメージにしました。名前を付ける段階でアユカワさんから20個以上建物名候補をいただいて、その中から運気の良い画数の名前を絞り、最終的にはタロットカードで占って決めました。住んでいる方とオーナー様に幸運をもたらす最高の物件名になっています。

アユカワ　すごく可愛らしい名前になりましたよね。オフィスビルの名前は強いほうがいいってことは、「サクセス銀座東」って強い名前だったんだ。

KURARA　そうですね。「サクセス銀座東」の時は、印象に残りやすく、強いリーダーシップで商売が上手くいくという意味を込めてつけさせていただきました。

一口に『運気がいい名前をつけた』というワケではないんですね。ペット共生マンションに方向性が決まってまず何をしたんですか？

アユカワ　ペット共生型マンションを手掛けるのは初めてで、とりあえずくみさんに、こんなことをやろうと思っていますということを相談しましたね。

くみ　私もペット可のマンションのインテリアデザインはやったことがあったのですけど、共生型でしっかり設備が整っている物件っていうのは初めてだったのです。

具体的にこだわったポイントはどんなところですか？

▼ペットのための様々な設計がなされているフロア

くみ　まずは、エントランス柱の館名デザインには、昼も夜も映える照明がついていますが、こちらにはペットマンションのアイコンになる猫と犬がデザインされています。そして1階には芝生の庭や、うんちシューター、足洗い場を設置しました。

まさにペットを飼っている方のための設計ですね。

くみ　便利なだけではなく、『猫フロア』と『犬フロア』を分けることによって、飼い主さん同士のコミュニケーションも取りやすい設計になっていま

▼ワンちゃんが洗えるくらい大きな洗面台

すし、犬フロアのドアの横にはリードフックが、猫フロアのキッチンにはドアが設置され、キッチンに猫が入って荒らされる心配もないです。さらに壁紙でクロスを張り分けることによって、下部のみ汚れた場合、張り替えやすいというメリットもあるのです。腰壁もただの腰壁ではなくて、素敵なクロスや廻り縁。インテリアのメインデザインになっています。

アユカワ　ここが一番特徴的なところですよね。ペットを飼われている方でも、犬特有の悩み、猫特有の悩みがあるというのを考えた設計になっているというのが、この物件のターゲットが求める理想だと思います。

ＫＵＲＡＲＡ　洗面化粧台も、ワンちゃんが洗えるくらい大きな洗面台ですもんね。

これだけ飼い主とペットのためを思った設計であればユーザーは大満足だと思いますが、内装のデザインにもくみさん流のこだわりが入っているんですか？

くみ　私の経験上、女性目線のインテリアにすると女性も男性も入りやすいと思うのですよ。そして今回はいい意味で賃貸っぽくないというか、日本の賃貸の部屋にはない女子力高めなイメージで作りました。

アユカワ　女性目線で作るっていうのは、くみさんのテーマでもありますもんね。

くみ　女性目線で言ったら、キッチンもオーダー扉の独立型にしています。

KURARA　広くて使いやすそうなキッチンでしたね。収納も充実していて料理をする女性は絶対喜びます。

くみ　ワンルームマンションですが、コンセプトはホテルのシングルルームです。

アユカワ　たしかにホテルみたいだなと思いました。丸い照明も良かったですよね。

KURARA　あれすごく可愛いですよね。優しいお色味で。

くみ　やっぱり照明はとても大事にしているので。照明のインテリア効果って高いので

▼照明のインテリア効果は高いので重要なアイテムの一つです

す。日本だとシーリングを付けただけの白い光の照明で夜でも煌々と明るいのですが、夜の明かりは、必要な場所に必要な明かりでインテリアがとても素敵になります。例えば、高級レストランやホテルのラウンジなどの照明を見られるとわかりやすいかと思います。第3章で説明させて頂きましたが、自律神経にも夜の明かりは大切なのです。

アユカワ　あの照明ってすごくオシャレですけど、高かったんですか？

くみ　全然そんなことないです。海外のブランドの照明は高いのですけど、似たような形状の日本のメーカーだったらネットで安く買えるので、だれでも手軽に手に入れることができますよ。あと壁紙も工夫しました。モールディングと言って壁に装飾する部材を廻してアクセントクロスとのコントラストをつけることで、より素敵な空間を演出することができました。

その壁紙に使われているモールディングだったりクロスだったりっていうのも、すごく高いものではないんですか？

くみ　それほど高くないです。誰でもご用意できますよ。これがあるだけで部屋がワンランクアップするのでオススメです。

アユカワ　ワンランクどころかツーランクもスリーランクも上がりました。部屋全体を変えなくても、例えば照明だったり、壁紙だったりとか、ワンポイント変えるだけでも部屋の雰囲気はすごく良くなるし、それはアイディア次第でいくらでもよくなるということですね。

くみ　やっぱり住みたいと思える物件は、機能とデザインが両立したインテリアが条件だと思うのです。そういった意味ではPETOTOはその両立ができた良い物件になったのではないかなと思います。

初めてのペット共生マンションのプロデュースでしたがこのプロジェクトを通してどんなことを感じましたか？

アユカワ　やっぱりターゲットから物件を仕上げていくということで、今回たまたま公園でペットを散歩している方を見てペット共生マンションにしたワケですが、今後もっともっとペット共生マンションの需要が増えてくるような気がしますね。

くみ　私もそう思います。以前、動物医療の分野の事業をされているアニドックさんと仕事をさせていただきました。それは『アニドックマンション』というペット共生マンションのプロモーション動画のデザインプロデュースだったのですが、このマンションは最先端な設備やサポートをしているのです。

それはどういったマンションなのでしょうか？

くみ　郊外にあり広い敷地で、ドッグランが完備されているのです。獣医の往診などのサポートも充実していて、トリミングショップも近くにあるのです。これらの設備があ

▼ペット共生マンション『PETOTO 東大島』

ることで、空室問題で家賃を下げることもなく安心した賃貸経営ができて、オーナーさん、入居者、ペットも安心して幸せに暮らすことができる、新しいペット共生マンションですね。

KURARA　すてきですね。ペットも大切な家族ですから、ペットの幸せを一番に考えている方も多いですよね。

アユカワ　お住いのマンションでペットに関する不安不満を抱える人は多いと思います。愛するペットが原因で周りに住んでいる方とのトラブルになったりすると飼い主さんとしてはやり切れないですよね。これからの時代は、安心安全な設備サポートが整った

『ペットと一緒に幸せになれる住居』に自由に住める社会になってほしいですよね。

「サクセス銀座東」「PETOTO東大島」と続きこのあとは何か考えていらっしゃいますか？

アユカワ　今回3人のプロジェクトを進めて、1＋1＋1が3ではなく、無限大となることを知りました。ひとりでは考えられない広がりが生まれました。今後も「サクセスシリーズ」や「PETOTOシリーズ」も手掛けたいですし、新しいシリーズも考えたいです。私の夢である「劇場」も作りたいですね。今後もくみさんとKURARAさんと楽しみながらいろいろ仕掛けていきたいと思います。

あとがき（アユカワタカヲ）

最後までお読みいただきましてありがとうございました。これから不動産投資を始めようとお考えの方にとって、少しでも不安から楽しみに変わっていただければ幸いです。また不動産賃貸業をすでに始めている方にとっては、この本から何かのヒントが伝われば私たち著者3人は幸せです。

私たちは「大家さんと入居者」も、人と人の繋がりと思っています。直接顔を合わすことがないかもしれないですが、この繋がりは大切です。入居者はあなたの部屋に住んだことを一生忘れることはありません。あなたは入居者の人生づくりのお手伝いをしているのです。こんな素晴らしい仕事はないですよね。ですから入居者が最高の思い出を作れるように、大家として最高のお部屋をプロデュースしてください。

あなたは入居者と繋がっているんです。

人生に於いても、人と人との繋がりは大切です。時には憎しみ合い、2度と顔も見たくないという人間関係もあるかもしれません。しかし、人との繋がりが無限の可能性を生み出します。

セミナー講師と受講生、単なる飲み友達が、こうして一冊の本を作り上げることができました。もちろん私たち3名だけではなく、弊社スタッフの仲間くん、吾郷くん、執筆のサポートをしていただいた早川尚臣さん、そして平成出版須田編集長のお力添えがあったからこそです。この場を借りて感謝申し上げます。

そして、今度は是非、あなたとも繋がりたいです。

デザイナーみねぎしくみさんと触れ合いたい、相談したい方はこちらから。
★公式サイト https://luxemaison.storeinfo.jp

占い師KURARAと触れ合いたい、鑑定を受けたい方はこちらから。
★公式サイト https://www.kiminomirai.com

マネープロデューサー・アユカワタカヲと触れ合いたい、無料メルマガを購読したい方はこちらから。

★人生自由化計画.com

次の本は、あなたと一緒に出版しているかもしれないですよ。

だから人生って面白いんです。

あとがき

【参考文献】

■「不動産投資の学校（入門編）」
日本ファイナンシャルアカデミー編著　ダイヤモンド社
■「不動産投資の学校（実践編）」
日本ファイナンシャルアカデミー編著　ダイヤモンド社
■「『金持ち大家さん』になる！アパ・マン満室経営術」
浦田健著　日本実業出版社
■「大家さんと不動産業者のための最強の定期借家入門」
沖野元・林浩一(著)　プラチナ出版

【参考サイト】

■ LIFULL HOME'S PRESS
■マネラボ

平成出版 について

本書を発行した平成出版は、基本的な出版ポリシーとして、自分の主張を知ってもらいたい人々、世の中の新しい動きに注目する人々、起業家や新ジャンルに挑戦する経営者、専門家、クリエイターの皆さまの味方でありたいと願っています。
代表・須田早は、出版に関するあらゆる職務（編集、営業、広告、総務、財務、印刷管理、経営、ライター、フリー編集者、カメラマン、プロデューサーなど）を経験してきました。そして、従来の出版の殻を打ち破ることが、未来の日本の繁栄に繋がると信じています。志のある人を、広く世の中に知らしめるように、「読者が共感する本」を提供していきます。出版について、知りたい事やわからない事がありましたら、お気軽にメールをお寄せください。

book@syuppan.jp 平成出版 編集部一同

ISBN978-4-434-27264-6　C0034

満室バンザイ！不動産オーナーの3つの秘策

令和2年（2020）3月20日 第1刷発行

著　者　アユカワタカヲ / みねぎしくみ / KURARA
発行人　須田早
発　行　**平成出版** 株式会社
〒104-0061 東京都中央区銀座7丁目13番5号
ＮＲＥＧ銀座ビル1階
経営サポート部／東京都港区赤坂8丁目
TEL 03-3408-8300　FAX 03-3746-1588
平成出版ホームページ https://syuppan.jp
メール : book@syuppan.jp

発　売　株式会社 星雲社（共同出版社・流通責任出版社）
〒112-0005 東京都文京区水道1-3-30
TEL 03-3868-3275　FAX 03-3868-6588

編集協力：安田京祐、大井恵次
本文イラスト：MicroOne/PIXTA
制作協力・本文 DTP：P デザインオフィス
印刷：（株）ウイル・コーポレーション